Rainer Maria Rilke, geboren am 4. Dezember 1875 in Prag, ist am 29. Dezember 1926 in Valmont/Schweiz gestorben.

Rilkes lyrisches Werk läßt sich in drei Gruppen gleichmäßigen Umfangs aufgliedern: in die lyrischen Hauptwerke, in den Nachlaß der mittleren und späten Schaffensperiode und die Lyrik der Frühzeit von 1895 bis zum Jahre 1905.

Die hier vorgelegte Gedichtsammlung, bestehend aus den Einzelsammlungen *Larenopfer* (1895), *Traumgekrönt* (1896) und *Advent* (1897), hatte Rilke im Jahre 1913 unverändert zu dem Band *Erste Gedichte* vereinigt. Sie zählen zu den Sammlungen, die er in seiner Jugend jeweils zur Weihnachtszeit erscheinen ließ und in denen die jeweiligen Erstausgaben mit gedruckten persönlichen Widmungen versehen waren, so das Bändchen *Advent* mit der Inschrift »Meinem guten Vater unter den Christbaum«. Die Erstausgaben wiesen überdies bei mehreren Gedichten einen huldigend hinzugefügten Schriftsteller- oder Künstlernamen auf als dankbares Bekenntnis und ehrgeizige Anknüpfung zugleich – diese Hinweise, die einen Eindruck von der jugendlichen Haltung des Dichters ermöglichen, sollten in den späteren Ausgaben entfallen.

insel taschenbuch 1090
Rilke
Erste Gedichte

RAINER MARIA RILKE
ERSTE GEDICHTE

Larenopfer · Traumgekrönt
Advent

Insel Verlag

insel taschenbuch 1090
Erste Auflage 1988
© Insel Verlag Frankfurt am Main 1955
Alle Rechte vorbehalten
Hinweise zu dieser Ausgabe am Schluß des Bandes
Vertrieb durch den Suhrkamp Taschenbuch Verlag
Umschlag nach Entwürfen von Willy Fleckhaus
Satz: Fotosatz Otto Gutfreund, Darmstadt
Druck: Nomos Verlagsgesellschaft, Baden-Baden
Printed in Germany

3 4 5 6 7 8 – 99 98 97 96 95 94

LARENOPFER

1895

IM ALTEN HAUSE

Im alten Hause; vor mir frei
seh ich ganz Prag in weiter Runde;
tief unten geht die Dämmerstunde
mit lautlos leisem Schritt vorbei.

Die Stadt verschwimmt wie hinter Glas.
Nur hoch, wie ein behelmter Hüne,
ragt klar vor mir die grünspangrüne
Turmkuppel von Sankt Nikolas.

Schon blinzelt da und dort ein Licht
fern auf im schwülen Stadtgebrause. –
Mir ist, daß in dem alten Hause
jetzt eine Stimme ›Amen‹ spricht.

AUF DER KLEINSEITE

Alte Häuser, steilgegiebelt,
hohe Türme voll Gebimmel, –
in die engen Höfe liebelt
nur ein winzig Stückchen Himmel.

Und auf jedem Treppenpflocke
müde lächelnd – Amoretten;
hoch am Dache um barocke
Vasen rieseln Rosenketten.

9

Spinnverwoben ist die Pforte
dort. Verstohlen liest die Sonne
die geheimnisvollen Worte
unter einer Steinmadonne.

EIN ADELSHAUS

Das Adelshaus mit seiner breiten Rampe:
wie schön will mir sein grauer Glast erscheinen.
Der Gangsteig mit den schlechten Pflastersteinen
und dort, am Eck, die trübe, fette Lampe.

Auf einer Fensterbrüstung nickt ein Tauber,
als wollt er durch den Stoff des Vorhangs gucken;
und Schwalben wohnen in des Torgangs Lucken:
das nenn ich Stimmung, ja, das nenn ich – Zauber.

DER HRADSCHIN

Schau so gerne die verwetterte
Stirn der alten Hofburg an;
schon der Blick des Kindes kletterte
dort hinan.

Und es grüßen selbst die eiligen
Moldauwellen den Hradschin,
von der Brücke sehn die Heiligen
ernst auf ihn.

Und die Türme schaun, die neueren,
alle zu des Veitsturms Knauf
wie die Kinderschar zum teueren
Vater auf.

BEI ST.VEIT

Gern steh ich vor dem alten Dom;
wie Moder weht es dort, wie Fäule,
und jedes Fenster, jede Säule
spricht noch ihr eignes Idiom.

Da hockt ein reichgeschnörkelt Haus
und lächelt Rokoko-Erotik,
und hart daneben streckt die Gotik
die dürren Hände betend aus.

Jetzt wird mir klar der casus rei;
ein Gleichnis ists aus alten Zeiten:
der Herr Abbé hier – ihm zuseiten
die Dame des roi soleil.

IM DOME

Wie von Steinen rings, von Erzen
weit der Wände Wölbung funkelt,
eine Heilge, braungedunkelt,
dämmert hinter trüben Kerzen.

Von der Decke, rundgemauert,
schwebt ob eines Engels Kopfe
hell ein weißer Silbertropfe,
drin ein ewig Lichtlein kauert.

Und im Eck, wo Goldgeglaste
niederhangt in staubgen Klumpen,
steht in Schmutz gehüllt und Lumpen
still ein Kind der Bettlerkaste.

Von dem ganzen Glanze floß ihm
in die Brust kein Fünkchen Segen...
Zitternd, matt, streckts mir entgegen
seine Hand mit leisem: »Prosim!«

IN DER KAPELLE
ST. WENZELS

Alle Wände in der Halle
voll des Prachtgesteins; wer wüßte
sie zu nennen: Bergkristalle,
Rauchtopase, Amethyste.

Zauberhell wie ein Mirakel
glänzt der Raum im Lichtgetänzel,
unterm goldnen Tabernakel
ruht der Staub des heilgen Wenzel.

Ganz von Leuchten bis zum Scheitel
ist die Kuppel voll, die hohle;

und der Goldglast sieht sich eitel
in die gelben Karneole.

VOM LUGAUS

Dort seh ich Türme, kuppig bald wie Eicheln
und jene wieder spitz wie schlanke Birnen;
dort liegt die Stadt; an ihre tausend Stirnen
schmiegt sich der Abend schon mit leisem
                              Schmeicheln.

Weit streckt sie ihren schwarzen Leib. Ganz hinten,
sieh, St. Mariens Doppeltürme blitzen.
Ists nicht: sie saugte durch zwei Fühlerspitzen
in sich des Himmels violette Tinten?

DER BAU

(1)

Die moderne Bauschablone
will mir wahrlich gar nicht passen.
Hier, dies alte Haus darf fassen
reiche, weite Steinterrassen,
kleine, heimliche Balkone.

Und die weitgewölbten Decken,
die so günstig sind den Lauten,
Nischen rings, die eingebauten,

draus die Arme sich der trauten
Dämmrung dir entgegenstrecken.

Alle Mauern breiter, stärker
und aus echten Quaderkernen; –
traun, das Gruseln könnt ich lernen,
seh ich auf die Zinskasernen
aus dem kleinen, stillen Erker.

IM STÜBCHEN

(2)

Traut ists, wenn verstohlen heulen
im Kamine wilde Winde,
in der Stube; ganz gelinde
tickt auf dem barocken Spinde
fort die Stockuhr mit den Säulen.

Dort, die kleine Silhouette
zeigt die alte Tracht der Locken,
tief im Fenster steht ein Rocken,
und vergeßne Töne stocken
im verlassenen Spinette.

Immer noch liegt die Postille,
daß an ihrem Geist erfrische
jung und alt sich, auf dem Tische,
und der Spruch ob jener Nische
lautet: ›Es gescheh Dein Wille...‹

ZAUBER

(3)

Oft seh ich die heimliche Stube belebt,
so lebhaft erzählen die Wände;
ein liebliches Mädchen, halb Kind noch, hebt
dort zu der Madonna die Hände.

Ein tüchtiger Junge beim Vater steht,
der viel zu des Hauses Gewinn tat.
An huben sie flüsternd das Abendgebet,
und Mutter läßt ruhen das Spinnrad.

Da deucht mich, es wird wohl das Auge naß
sogar der Madonne im Rahmen.
Ich lausche: – Laut von des Vaters Baß
ertönt das versöhnende: »Amen«.

EIN ANDERES

(4)

Naht der Sohn mit schwerem Schritt
seinem Vater. Schwer die Zunge...
»Wirklich, was, ein Bräutchen, Junge?!
Vorwärts, nur herein damit!«

Und da steht zum ersten Mal
jetzt das Mädchen rot und stille;

und der Vater putzt die Brille:
»Teufel! Gut war deine Wahl!«

Und er streckt die Arme aus,
und das Bräutchen nimmt verlegen
seinen Kuß und seinen Segen...
Davon weiß das alte Haus.

NOCH EINES

(5)

Auch dem blonden Kinde kam es
in sein Herz, sein waldseereines,
wie das dunkle Ahnen eines
großen Glückes oder Grames.

Und die Mutter ließ das Rädchen
stocken. – »Kind, was macht dich leiden?«
Stürmisch schluchzend schwieg das Mädchen:
doch verstanden sich die beiden.

Kurz darauf: Am Pförtchen pochte
junger Herr. – »Wollt ihr euch?« – Pause. –
Ob! – Wer da noch fragen mochte!? –
So geschahs im alten Hause.

UND DAS LETZTE

(6)

Still heut die Stube. – Weiß wie Kalk
ist Frauchens Antlitz. Müd und lustlos
ihr feuchtes Auge; halb bewußtlos
lehnt sie bei Vaters Katafalk.

Zuseiten ihr der Gatte kann
sie trösten mehr in keiner Weise;
nun faßt er ihre Hände leise
und sieht sie ernst und bittend an.

»Mein Mütterchen, nimm diesen Strauß!«
tönt türher hell das Wort des Kleinen;
da glimmt ein Lächeln durch ihr Weinen,
und Trost geht durch das alte Haus.

IM ERKERSTÜBCHEN

(7)

Nicht zu sehn das Alltagstreiben,
flieh ich – wie wenn ich ein Strauß wär –
in das alte, alte Haus her;
lang dann seh ich nicht hinaus mehr
durch die breit verbleiten Scheiben.

Schlichtheit war der Väter Aussaat,
Glück die Frucht, die sie gefunden;
sitz so träumend manche Stunden
dort im Polsterstuhl, im runden,
mitten in Urväterhausrat.

DER NOVEMBERTAG

Kalter Herbst vermag den Tag zu knebeln,
seine tausend Jubelstimmen schweigen;
hoch vom Domturm wimmern gar so eigen
Sterbeglocken in Novembernebeln.

Auf den nassen Dächern liegt verschlafen
weißes Dunstlicht; und mit kalten Händen
greift der Sturm in des Kamines Wänden
eines Totenkarmens Schlußoktaven.

IM STRASSENKAPELLCHEN

Bei St. Loretto da brennt ein Licht
vorm Bilde im Straßenkapellchen;
und um das Wandbild schmiegen sich dicht
Blechblumen mit farbigen Kelchen.

Die Heiligen machen ein übel Gesicht;
denn der Sturmwind, der hastige Knab, hat
nicht Achtung für sie; bei Loretto das Licht
schaut fromm in den dämmernden Sabbat.

DAS KLOSTER

Im Dämmerdustgeschwel
ist schon die Stadt zerronnen,
hoch steht das Haus der Nonnen
des Ordens vom Karmel.

Der Abend hüpft hangab
vorbei mit Feuergarben
und windet tausend Farben
um jeden Fensterstab.

Er schmückt das düstre Haus
umsonst mit Lichtgeglänze:
so sehen frische Kränze
auf Leichensteinen aus.

BEI DEN KAPUZINERN

Es hat der Pater Guardian
vom Klosterschnaps mir angeboten;
ich kenn ihn schon, den dunkelroten,
der alle Toten wecken kann.

Der Pater sucht den Schlüssel, klein,
dort, wo des Sacktuchs Zipfe blauten,
und holt den Schatz, den selbstgebrauten,
hervor aus dem Reliquienschrein.

Und wie er einschenkt, lacht er feist
und spricht: »Zu Staub sind die Gebeine,
die einstens ruhten in dem Schreine,
doch uns erhalten blieb ――― der Geist!«

ABEND

Einsam hinterm letzten Haus
geht die rote Sonne schlafen,
und in ernste Schlußoktaven
klingt des Tages Jubel aus.

Lose Lichter haschen spät
noch sich auf den Dächerkanten,
wenn die Nacht schon Diamanten
in die blauen Fernen sät.

JAR. VRCHLICKÝ

Ich lehn im Armstuhl, im bequemen,
wo oft ich Ungemach vergaß,
müd nicken krause Chrysanthemen
im hohen Venezianerglas.

Ich las in einem Band Gedichte
gar lange; wie die Zeit entschwand!
Jetzt erst im Abenddämmerlichte
leg ich sie selig aus der Hand.

Mir ist, von göttlichen Problemen
hätt ich die Lösung jetzt erlauscht, –
hat mich der Hauch der Chrysanthemen,
hat mich Vrchlickýs Buch berauscht?

IM KREUZGANG VON LORETTO

Still ist es in dem Kreuzgang, in dem alten,
wo über krausen Säulenarabesken
herniederschaun aus halbverwischten Fresken
geheimnisvolle Heiligengestalten.

Wo eine Wachsmadonna, die man zeiht
so manchen gnadenvollen Heilmirakels,
prangt hinterm grauen Glas des Tabernakels
im silberübersäten Seidenkleid.

Spannt über Blättergold Spätsommerhaar
sich draußen auch im Klosterhof Lorettos, –
vor einem Bild im Stile Tintorettos
steht selig still ein junges Liebespaar.

DER JUNGE BILDNER

Ich muß nach Rom; in unser Städtchen
kehr ich aufs Jahr mit Ruhm zurück;
nicht weinen; sieh, geliebtes Mädchen,
ich mach in Rom mein Meisterstück.

Er sprachs; dann zog er fort im Rausche
durch jene Welt, die er erhofft;
doch war ihm, seine Seele lausche
auf einen innern Vorwurf oft.

Die Unrast trieb ihn heim, die arge:
Er bildete mit nassem Blick
sein armes, fahles Lieb im Sarge,
und das – das war sein Meisterstück.

FRÜHLING

Die Vögel jubeln – lichtgeweckt –,
die blauen Weiten füllt der Schall aus;
im Kaiserpark das alte Ballhaus
ist ganz mit Blüten überdeckt.

Die Sonne schreibt sich hoffnungsvoll
ins junge Gras mit großen Lettern.
Nur dorten unter welken Blättern
seufzt traurig noch ein Steinapoll.

Da naht ein Lüftchen, fegt im Tanz
hinweg das gelbe Blattgeranke
und legt um seine Stirn, die blanke,
den blauenden Syringenkranz.

LAND UND VOLK

...Gott war guter Laune. Geizen
ist doch wohl nicht seine Art;
und er lächelte: da ward
Böhmen, reich an tausend Reizen.

Wie erstarrtes Licht liegt Weizen
zwischen Bergen, waldbehaart,
und der Baum, den dichtgeschart
Früchte drücken, fordert Spreizen.

Gott gab Hütten; voll von Schafen
Ställe; und der Dirne klafft
vor Gesundheit fast das Mieder.

Gab den Burschen all, den braven,
in die rauhe Faust die Kraft,
in das Herz – die Heimatlieder.

DER ENGEL

Hin geh ich durch die Malvasinka
die Kinderreih, wo sanft und gut
die kleine Anka oder Ninka
in ihrem letzten Bettchen ruht.

Auf einem schmalen Schollenhügel
kniet, ganz versteckt in hohem Mohn,

mit staubigem, gebrochnem Flügel
ein Engelchen aus rohem Thon.

Das flügellahme Kindchen flößte
mir Mitleid ein, – das arme Ding...
Da, sieh! Von seinen Lippen löste
sich leicht ein kleiner Schmetterling. –

ALLERSEELEN

I

Rings liegt der Tag von Allerseelen
voll Wehmut und voll Blütenduft,
und hundert bunte Lichter schwelen
vom Feld des Friedens in die Luft.

Sie senden Palmen heut und Rosen;
der Gärtner ordnet sie mit Sinn –
und kehrt zum Eck der Glaubenslosen
die alten, welken Blumen hin.

II

»Jetzt beten, Willy, – und nicht reden!«
Mit großem Aug gehorcht der Knab.
Der Vater legt den Kranz Reseden
auf seines armen Weibes Grab.

»Die Mutter schläft hier! Mach ein Kreuz nun!«
Klein-Willy sieht empor und macht
wie ihm befohlen. Ach, ihn reuts nun,
daß er am Weg heraus gelacht!

Es sticht im Auge ihn – wie Weinen...
Dann gehn sie heimwärts durch die Nacht;
ganz ernst und stumm. Da lockt den Kleinen
beim Ausgang jäh der Buden Pracht.

Es blinkt durch den Novembernebel
herüber lichtbeglänzter Tand;
er sieht dort Pferdchen, Helme, Säbel
und küßt dem Vater leis die Hand.

Und der versteht. Dann gehn sie weiter...
Der Vater sieht so traurig aus. –
Doch einen Pfefferkuchenreiter
schleppt Willy selig sich nach Haus.

BEI NACHT

Weit über Prag ist riesengroß
der Kelch der Nacht schon aufgegangen;
der Sonnenfalter barg sein Prangen
in ihrem kühlen Blütenschooß.

Hoch grinst der Mond, der schlaue Gnom,
und neckend streut er das Gesträhne

25

der weißen Silberhobelspäne
hernieder in den Moldaustrom.

Da plötzlich, wie beleidigt, hat
zurückgerufen er die Strahlen,
weil er gewahr ward des Rivalen:
der Turmuhr helles Stundenblatt.

ABEND

Der Abend naht. – Die klare Zone
der Stirne schmückt ein goldner Reifen,
und tausend Schattenhände greifen
verstohlen nach der roten Krone.

Die ersten, blassen Sterne liebeln
ihm zu; er steht hoch am Hradschine
und schaut mit ernster Träumermiene
die Türme und die grauen Giebeln.

AUF DEM WOLSCHAN

Am Abend des Tages
von Allerseelen

I

Die dürren Äste übergittern
des Himmels abendblasse Scheiben;
und über Grüfte, reich mit Flittern

geschmückt, geht Wehmut, und es zittern
die Lichter durch das Blättertreiben.

Im müden Blau, im regungslosen,
schwimmt fern der Mond. Die Lebensbäume,
die seine blanke Stirne kosen,
sind schwarz. Der Duft von welken Rosen
schleicht her wie Geister toter Träume.

II

Ferner Lärm vom Wagendamm. –
Hier keimt Friede und Vergessen,
zwischen zweien Grabzypressen
hangt der Mond wie ein Tam-Tam.

Schlägt die Ewigkeit nicht sacht
jetzt daran mit schwarzem Schwengel?
Bange schaut ein Marmorengel
in das Aug der Spätherbstnacht.

WINTERMORGEN

Der Wasserfall ist eingefroren,
die Dohlen hocken hart am Teich.
Mein schönes Lieb hat rote Ohren
und sinnt auf einen Schelmenstreich.

Die Sonne küßt uns. Traumverloren
schwimmt im Geäst ein Klang in Moll;

und wir gehn fürder, alle Poren
vom Kraftarom des Morgens voll.

BRUNNEN

Ganz verschollen ist die alte,
holde Brunnenpoesie,
da aus Tritons Muschelspalte
eine klare Quelle lallte,
die den Gassen Sprache lieh.

Abends bei dem Röhrenkasten
sammelte sich Paar um Paar,
weil der Quelle lieblich Glasten
und ihr Laut der tiefgefaßten
Neigung süßes Omen war.

Aber als durch Menschenmühn dann
Wasser treppenaufwärts stieg
und kein Paar kam: Misogyn dann
ward der Gott; es schlich sich Grünspan
in die Muschel, – und er schwieg.

SPHINX

Sie fanden sie, den Schädel halb zerschlagen,
in starrer Hand das heiße Rohr von Stahl.
Die Menge gaffte. – Bis der Rettungswagen
sie brachte in das gelbe Stadtspital.

Nur einmal hat das Aug sie aufgeschlagen...
Kein Brief, kein Name, nur ein Kleid, ein Schal;
dann kam der Arzt mit seinem leisen Fragen
und dann der Priester. – Sie blieb stumm und fahl.

Doch spät bei Nacht, da wollt sie etwas sagen,
gestehn... Doch niemand hörte sie im Saal.
Ein Röcheln. – Dann ward sie herausgetragen,
sie und ihr Schmerz. –
                    Und draußen steht kein Mal.

TRÄUME

Es kommt die Nacht, reich mit Geschmeiden
geschmückt des blauen Kleides Saum; –
sie reicht mir mild mit ihren beiden
Madonnenhänden einen Traum.

Dann geht sie, ihre Pflicht zu üben,
hinfort die Stadt mit leisem Schritt
und nimmt, als Sold des Traumes, drüben
des kranken Kindes Seele mit.

MAITAG

Still! – Ich hör, wie an Geländen
leicht der Wind vorüberhüpft,
wie die Sonne Strahlenenden
an Syringendolden knüpft.

Stille rings. Nur ein geblähter
Frosch hält eine Mückenjagd,
und ein Käfer schwimmt im Äther,
ein lebendiger Smaragd.

Im Geäst spinnt Silberrhomben
Mutter Spinne Zoll um Zoll,
und von Blütenhekatomben
hat die Welt die Hände voll.

KÖNIG ABEND

Wie König Balthasar einst nahte,
die Stirn vom Kronenreif erhellt,
so tritt im purpurnen Ornate
der König Abend in die Welt.

Der erste Stern führt ihn wie jenen
bis an den fernsten Hügelsaum;
dort findet Mutter Nacht er lehnen
mit ihrem Kind im Arm, dem Traum.

Dem bringt er just wie jener Weise
des Orients das Gold, gehäuft, –
das Gold, das uns der Knabe leise
erlösend in den Schlummer träuft.

AN DER ECKE

Der Winter kommt und mit ihm meine Alte,
die an der Ecke stets Kastanien briet.
Ihr Antlitz schaut aus einer Tücherspalte
froh und gesund, ob Falte auch bei Falte
seit vielen Jahren es durchzieht.

Und tüchtig ist sie, ja, das will ich meinen;
die Tüten müssen rein sein, und das Licht
an ihrem Stand muß immer helle scheinen,
und von dem Ofen mit den krummen Beinen
verlangt sie streng die heiße Pflicht.

So trefflich schmort auch keine die Maroni.
Dabei bemerkt sie, wer des Weges zieht,
und alle kennt sie – bis zum Tramwaypony;
sie treibts ja Jahre schon, die alte Toni...
Und leise summt ihr Herd sein Lied.

HEILIGE

Große Heilige und kleine
feiert jegliche Gemeine;
hölzern und von Steine feine,
große Heilige und kleine.

Heilge Annen und Kathrinen,
die im Traum erschienen ihnen,

baun sie sich und dienen ihnen,
heilgen Annen und Kathrinen.

Wenzel laß ich auch noch gelten,
weil sie selten ihn bestellten;
denn zu viele gelten selten –
nun, Sankt Wenzel laß ich gelten.

Aber diese Nepomucken!
Von des Torgangs Lucken gucken
und auf allen Brucken spucken
lauter, lauter Nepomucken!

DAS ARME KIND

Ich weiß ein Mädchen, eingefallen
die Wangen. – War ein leichtes Tuch
die Mutter; und des Vaters Fluch
fiel in ihr erstes Lallen.

Die Armut blieb ihr treu die Jahre,
und Hunger war ihr Angebind;
so ward sie ernst. – Das Lenzgold rinnt
umsonst in ihre Haare.

Sie schaut die lächelnden Gesichter
der Blumen traurig an im Hag
und denkt: der Allerseelentag
hat Blüten auch und Lichter.

WENNS FRÜHLING WIRD

Die ersten Keime sind, die zarten,
im goldnen Schimmer aufgesprossen;
schon sind die ersten der Karossen
           im Baumgarten.

Die Wandervögel wieder scharten
zusamm sich an der alten Stelle,
und bald stimmt ein auch die Kapelle
           im Baumgarten.

Der Lenzwind plauscht in neuen Arten
die alten, wundersamen Märchen,
und draußen träumt das erste Pärchen
           im Baumgarten.

ALS ICH DIE UNIVERSITÄT BEZOG

Ich seh zurück, wie Jahr um Jahr
so müheschwer vorüberrollte;
nun endlich bin ich, was ich wollte
und was ich strebte: ein Skolar.

Erst ›Recht‹ studieren war mein Plan;
doch meine leichte Laune schreckten
die strengen, staubigen Pandekten,
und also ward der Plan zum Wahn.

Theologie verbot mein Lieb,
konnt mich auf Medizin nicht werfen,
so daß für meine schwachen Nerven
nichts als – Philosophieren blieb.

Die Alma mater reicht mir dar
der freien Künste Prachtregister, –
und bring ichs nie auch zum Magister,
bin was ich strebte: ein Skolar.

SUPERAVIT

Nie kann ganz die Spur verlaufen
einer starken Tat; dies lehrt
zu Konstanz der Scheiterhaufen;
denn aus tausend Feuertaufen
steigt der Hochgeist unversehrt.

Bis zu uns her ungeheuer
ragt der Reformator Hus,
fürchten wir der Lehre Feuer,
neigen wir uns doch in scheuer
Ehrfurcht vor dem Genius.

Der, den das Gericht verdammte,
war im Herzen, tief und rein,
überzeugt von seinem Amte, –
und der hohe Holzstoß flammte
seines Ruhmes Strahlenschein.

TROTZDEM

Manchmal vom Regal der Wand
hol ich meinen Schopenhauer,
einen ›Kerker voller Trauer‹
hat er dieses Sein genannt.

So er recht hat, ich verlor
nichts: in Kerkereinsamkeiten
weck ich meiner Seele Saiten
glücklich wie einst Dalibor.

HERBSTSTIMMUNG

Die Luft ist lau, wie in dem Sterbezimmer,
an dessen Türe schon der Tod steht still;
auf nassen Dächern liegt ein blasser Schimmer,
wie der der Kerze, die verlöschen will.

Das Regenwasser röchelt in den Rinnen,
der matte Wind hält Blätterleichenschau; –
und wie ein Schwarm gescheuchter Bekassinen
ziehn bang die kleinen Wolken durch das Grau.

AN JULIUS ZEYER

Du bist ein Meister; – früher oder später
spannt sich dein Volk in deinen Siegeswagen;
du preisest seine Art und seine Sagen, –
aus deinen Liedern weht der Heimat Äther.

Dein Volk tut recht, – nicht, voll von wahngeblähter
Vergangenheit, die Hand im Schooß zu tragen,
es kämpft noch heut und muß sich tüchtig schlagen,
stolz auf sich selbst und stolz auf seine Väter.

Es hat dein Volk sich seine Ideale
noch nicht versetzen lassen zu den Sternen,
die unerreichbar sind und Sehnsucht glasten;

du aber mahnst, ein echter Orientale,
es möge in dem Ringen nicht verlernen
auch im Alhambrahof die Kunst zu rasten.

DER TRÄUMER

I

Es war ein Traum in meiner Seele tief.
Ich horchte auf den holden Traum:
ich schlief.
Just ging ein Glück vorüber, als ich schlief,
und wie ich träumte, hört ich nicht:
es rief.

Träume scheinen mir wie Orchideen. –
So wie jene sind sie bunt und reich.
Aus dem Riesenstamm der Lebenssäfte
ziehn sie just wie jene ihre Kräfte,
brüsten sich mit dem ersaugten Blute,
freuen in der flüchtigen Minute,
in der nächsten sind sie tot und bleich. –
Und wenn Welten oben leise gehen,
fühlst du's dann nicht wie von Düften wehen?
Träume scheinen mir wie Orchideen. –

DIE MUTTER

Aufwärts die Theaterrampe
rollen dröhnend die Karossen,
abseits unter trüber Lampe
steht ein altes Weib verdrossen.

Nur wenn jäh ein Hengst mal scheute,
wars, daß sie zusammenschrecke;
niemand aus dem Strom der Leute
sieht die Alte in der Ecke.

An die neue ›Größe‹ dachte,
von ihr sprach man nur. – Die Güte
eines Grafen, hieß es, brachte
herrlich ihr Talent zur Blüte.

Später. Jubelstürme hallten
in den Schlußklang der Trompeten...
Aber draußen kams der Alten,
heimlich für ihr Kind zu beten.

UNSER ABENDGANG

Gedenkst du noch, wie guter Dinge
wir wallten durch das Nusler Tal;
zwei kleine, blaue Schmetterlinge
verflatterten im Abendstrahl.

Am Häuschen lehnte die Melone
dort – wie auf einem Bilde Dows,
und herrlich mit der Kuppelkrone
hob sich das Haupt des Karlshofs.

Im West war noch der Weizen golden,
blaugrün verdämmerte der Kohl;
die ersten weißen Sternendolden
umzitterten den Himmelspol.

KAJETAN TÝL

Bei Betrachtung seines Zimmerchens,
das auf der böhmischen ethnographischen Ausstellung
zusammengestellt war

Da also hat der arme Týl
sein Lied »Kde domov můj« geschrieben.
In Wahrheit: Wen die Musen lieben,
dem gibt das Leben nicht zuviel.

Ein Stübchen – nicht zu klein dem Flug
des Geistes; nicht zu groß zur Ruhe. –
Ein Stuhl, als Schreibtisch eine Truhe,
ein Bett, ein Holzkreuz und ein Krug.

Doch wär er nicht für tausend Louis
von Böhmen fort. Mit jeder Fiber
hing er daran. – »Ich bleibe lieber«,
hätt er gesagt, »kde domov můj.«

VOLKSWEISE

Mich rührt so sehr
böhmischen Volkes Weise,
schleicht sie ins Herz sich leise,
macht sie es schwer.

Wenn ein Kind sacht
singt beim Kartoffeljäten,

klingt dir sein Lied im späten
Traum noch der Nacht.

Magst du auch sein
weit über Land gefahren,
fällt es dir doch nach Jahren
stets wieder ein.

DAS VOLKSLIED

*Nach einer Kartonskizze
des Herrn Liebscher*

Es legt dem Burschen auf die Stirne
die Hand der Genius so lind,
daß mit des Liedes Silberzwirne
er seiner Liebsten Herz umspinnt.

Da mag der Bursch sich süß erinnern,
was aus der Mutter Mund ihm scholl,
und mit dem Klang aus seinem Innern
füllt er sich seine Fiedel voll.

Die Liebe und der Heimat Schöne
drückt ihm den Bogen in die Hand,
und leise rieseln seine Töne
wie Blütenregen in das Land.

Und große Dichter, ruhmberauschte,
dem schlichten Liede lauschen sie,

so gläubig wie das Volk einst lauschte
dem Gotteswort des Sinai.

DORFSONNTAG

Im Wirtshaus auf den blanken Dielen
schwingt sich die Jugend frisch und laut,
des Burschen Hand, so hart von Schwielen,
drückt die des blonden Mädchens traut;
bierfrohe Musikanten spielen
ein Lied aus der ›Verkauften Braut‹.

»Trinkt zu! Ich will euch heut besolden.«
Der Pfarrherr. Der liebt muntern Geist.
Und wie er nach dem Tanz die Holden
zu seinem Tische kommen heißt,
da geht der Abend draußen, golden,
und lacht durch alle Fenster dreist.

MEIN GEBURTSHAUS

Der Erinnrung ist das traute
Heim der Kindheit nicht entflohn,
wo ich Bilderbogen schaute
im blauseidenen Salon.

Wo ein Puppenkleid, mit Strähnen
dicken Silbers reich betreßt,

Glück mir war; wo heiße Tränen
mir das ›Rechnen‹ ausgepreßt.

Wo ich, einem dunklen Rufe
folgend, nach Gedichten griff,
und auf einer Fensterstufe
Tramway spielte oder Schiff.

Wo ein Mädchen stets mir winkte
drüben in dem Grafenhaus . . .
Der Palast, der damals blinkte,
sieht heut so verschlafen aus.

Und das blonde Kind, das lachte,
wenn der Knab ihm Küsse warf,
ist nun fort; fern ruht es sachte,
wo es nie mehr lächeln darf.

IN DUBIIS

I

Es dringt kein Laut bis her zu mir
von der Nationen wildem Streite,
ich stehe ja auf keiner Seite;
denn Recht ist weder dort noch hier.

Und weil ich nie Horaz vergaß,
bleib gut ich aller Welt und halte

mich unverbrüchlich an die alte
aurea mediocritas.

II

Der erscheint mir als der Größte,
der zu keiner Fahne schwört,
und, weil er vom Teil sich löste,
nun der ganzen Welt gehört.

Ist sein Heim die Welt; es mißt ihm
doch nicht klein der Heimat Hort;
denn das Vaterland, es ist ihm
dann sein Haus im Heimatsort.

BARBAREN

Ich weiß von einem Riesenparke
dort, wo die Stadt sich schon verliert;
jetzt nagt die Axt an seinem Marke,
sie sagen: Er wird parzelliert.

Das ist der Fürstenpark Clam-Gallas,
der Mietskasernen weichen soll,
der war doch wie ein Hain der Pallas
der raunenden Orakel voll.

Jetzt stürmen sie, die Ungeweihten,
den Ort, den kein Profaner sah:

Es übertönt der Lärm der Zeiten
das Götterwort der Pythia.

SOMMERABEND

Die große Sonne ist versprüht,
der Sommerabend liegt im Fieber,
und seine heiße Wange glüht.
Jach seufzt er auf: »Ich möchte lieber...«
Und wieder dann: »Ich bin so müd...«

Die Büsche beten Litanein,
Glühwürmchen hangt, das regungslose,
dort wie ein ewiges Licht hinein;
und eine kleine weiße Rose
trägt einen roten Heiligenschein.

GERICHTET

Am ›Ring‹ stand einst ein Blutgerüst,
lang ist es her; doch wenn der Schein
des runden Monds das Rathaus küßt,
dann wallen aus dem heilgen Teyn
Gerichtete in Geisterreihn...
                    Weh wer sie sah!

Viel Herren fielen auf dem Ring;
die Herren finden Ruhe nicht; –
sie zogen eines Nachts: Es ging

voran Herr Christus, groß und licht,
mit ernstem, traurigem Gesicht...

 Und einer sahs!

Der war ein Maler. Und im Flug
malt er, wie er geschaut, den Ring.
Er malt den ganzen Geisterzug,
dem ernst voran Herr Christus ging.
Er malt... bis ihn ein Fieber fing...

 Jetzt ist er tot. –

DAS MÄRCHEN VON DER WOLKE

Der Tag ging aus mit mildem Tone,
so wie ein Hammerschlag verklang.
Wie eine gelbe Goldmelone
lag groß der Mond im Kraut am Hang.

Ein Wölkchen wollte davon naschen,
und es gelang ihm, ein paar Zoll
des hellen Rundes zu erhaschen,
rasch kaut es sich die Bäckchen voll.

Es hielt sich lange auf der Flucht auf
und sog sich ganz mit Lichte an; –
da hob die Nacht die goldne Frucht auf:
Schwarz ward die Wolke und zerrann.

FREIHEITSKLÄNGE

Böhmens Volk! In deinen Kreisen
weckt ein neuer Genius
alte, heiße Freiheitsweisen,
und die mahnen nicht mit leisen
Worten, daß dein Fesseleisen
ganz zerschmettert werden muß.

Diese Streitpoeten blasen
lockend; und in Stücke haun
kannst du, Volk, in deinem Rasen
des Gesetzes Marmorvasen,
doch du kannst aus ihren Phrasen
keine Zukunft dir erbaun.

Tief in Herz und Sinn in treuer
Hoffnung senk die Liedersaat,
sind dir deine Dichter teuer,
daß daraus ein Lenz, ein neuer,
keime. – Was dann blieb vom Feuer,
das entflamme dich zur Tat.

NACHTBILD

Auch auf der Theaterrampe
wird es stille nach und nach. –
Eine eitle Bogenlampe
schaut sich in ein Droschkendach.

Auf dem leeren Gangsteig zucken
Lichter. – Sehn nicht dort am Haus
helle Dachmansardenlucken
wie verweinte Augen aus?

HINTER SMICHOV

Hin gehn durch heißes Abendrot
aus den Fabriken Männer, Dirnen, –
auf ihre niedern, dumpfen Stirnen
schrieb sich mit Schweiß und Ruß die Not.

Die Mienen sind verstumpft; es brach
das Auge. Schwer durchschlürft die Sohle
den Weg, und Staub zieht und Gejohle
wie das Verhängnis ihnen nach.

IM SOMMER

Im Sommer trägt ein kleiner Dampfer
auf Moldauwogen uns nach Zlichov
zu jenem Kirchlein, hoch und frei.
Im blauen Nebel schwindet Smichov; –
zur Rechten Flächen braun von Ampfer,
zur Linken stolz die ›Loreley‹.

Wir legen an; und sieh, ein Alter
begrüßt uns leiernd: »Hej, Slované!«
Am Friedhofsrand dann lehnen wir.
Hoch blaut des Himmels Prachtzyane,
und unser Träumen hebt, ein Falter,
auf Sonnenflügeln sich zu ihr.

AM KIRCHHOF ZU KÖNIGSAAL

(Aula regis)

Auf schloß das Erztor der Kustode.
Du sahst vor Blüten keine Gruft.
Der Lenz verschleierte dem Tode
das Angesicht mit Blust und Duft;
da stieg wie eine Todesode
ein Trauermantel in die Luft.

Wir sahn ihn beide und wir schwiegen...
Rings feierte Mittsommerlicht,
in den Syringen summten Fliegen. –
Da lag ein Schädel vor uns dicht;
aus seinen leeren Augen stiegen
verkümmerte Vergißmeinnicht.

VIGILIEN

I

Die falben Felder schlafen schon,
mein Herz nur wacht allein;
der Abend refft im Hafen schon
sein rotes Segel ein.

Traumselige Vigilie!
Jetzt wallt die Nacht durchs Land;
der Mond, die weiße Lilie,
blüht auf in ihrer Hand.

II

Am offnen Stubenfenster lehn ich
und träume in die Nacht hinauf;
das Mondlicht windet silbersträhnig
sich um den schwarzen Kirchturmknauf.

Sehn wenig Welten aus den Fernen
auch durch den engen Hof ins Haus, –
es füllte Licht von zehen Sternen
ein ganzes, dunkles Leben aus.

III

Horch, der Schritt der Nacht erstirbt
in der weiten Stille;

meine Schreibtischlampe zirpt
leis wie eine Grille.

Goldig auf dem Bücherstand
glühn der Bände Rücken:
zu der Fahrt ins Feenland
Pfeiler für die Brücken.

IV

Sie hat, halb Kind, einst eine Nacht
beim toten Mütterlein verbracht
und hat geweint und hat gewacht; –
dann gingen Jahre, Jahre sacht:
nie hat sie jener Nacht gedacht.

Und dann kam eine andre Nacht.
Da hat von Glut und Sünd entfacht
die rote Lippe Lust gelacht,
doch plötzlich – wie durch höhre Macht
dacht sie der Nacht der Leichenwacht.

DER LETZTE SONNENGRUSS

Zu einem Bilde des Beneš Knüpfer

Die Sonne schmolz, die hehre,
ins weiße Meer so heiß. –
Zwei Mönche saßen am Meere,
ein blonder und ein Greis.

Der sann: Geh ich einst rasten,
so friedlich mög es sein –
und jener: Des Ruhmes Glasten
sollt mir mein Sterben weihn.

KAISER RUDOLF

Hoch auf seiner Himmelswarte
über einer Sternenkarte
sitzt der Kaiser Rudolf dort,
forschend, ob der langerharrte
Flugstern, der die Weisen narrte,
streifen würde diesen Ort.

Und er fragt den Astrologen,
der am hohen Himmelsbogen
alle Wandelwege weiß:
»Wird von Unglück der betrogen,
den der Stern hineingezogen
in den unheilvollen Kreis?«

Und der Alte weicht ihm leise
aus: »Der Stern zieht seine Gleise,
Herr, im fernen Ätherreich!«
Und gen Süden sieht der Weise; –
und der Kaiser schaut die Kreise
seines Globen, ernst und bleich. –

Und von Süden kommt Verderben,
kommt Matthias. – Eilge Erben

lassen ihm nur den Hradschin;
und der Kaiser spricht im herben
Spott: »Mir bleibt nichts, als zu sterben,
denn schon bin ich tot für ›ihn‹.

Alter! Laß den Blick uns heben!
du hast recht, die Sterne schweben
hoch ob allem Erdenbann;
aber – die nach ihnen streben,
knüpfen selbst ihr dunkles Leben
an die lichten Lose an!«

AUS DEM DREISSIGJÄHRIGEN KRIEGE

Kohlenskizzen in Callots Manier

1. KRIEG

Finster ist die Welt geworden, –
darum Dörfer rasch entloht!
und die Welt ist grau; – drum rot
färbt sie durch das Morden!

Bauer! Bittest um dein Leben?
Nimm dirs! Aber bei uns bleib!
Herrgott hat dir Ochs und Weib
nur für uns gegeben.

Laß den Teufel Felder pflügen;
sieh, wir haben stets genung!

Vorwärts – einen Werbetrunk
aus den vollen Krügen!

2. ALEA JACTA EST

»...Tod oder Sold!«
Und jetzt die Trommel schnell
her. Auf das Trommelfell
Würfel gerollt.

So wird dem Lohn,
der unsre Streiche sucht.
Sieh, der Baum, reiche Frucht
trägt er doch schon!

Solltest schon längst
hängen dran, Kamerad!
Drum ists nicht jammerschad,
wenn du dann hängst!

3. KRIEGSKNECHTS-SANG

Lag auf einer Trommel nackt,
kaum zwei Spannen lang,
und der rauhe Trommeltakt
war mein Wiegensang.

Wild zu wettern taugte ich
damals schon im Zorn,

meine Milch, die saugte ich
aus dem Pulverhorn.

Damals taufte jeden gut
der Korp'ral; beim Schopf
nahm er ihn, goß Schwedenblut
heiß ihm übern Kopf.

4. KRIEGSKNECHTS-RANG

Bei uns gibts nicht Edelinge,
die was gelten durch ihr Blut,
jedes Rang ist jedes Klinge,
und sein Wappen ist der Mut.

Wer nur immer kühn sein Schwert zog,
hält den Schild von Schande rein,
wer noch gestern unterm Heer zog,
Herzog kann er morgen sein.

5. BEIM KLOSTER

Was gibts? – Eine Klosterpforte? –
Ei, Potz Blitz!
Eine Tür von dieser Sorte
renn ich ohne viele Worte
ein mit meiner Nasenspitz!

Auf das Tor ein fester Stempel...
Pfaffe, komm!
Jetzt heraus mit deinem Krempel,
paar Monstranzen zum Exempel
und paar Kelche: wir sind fromm.

Laß jetzt dein: Peccavi, pater...
Leucht zum Wein
uns mit deiner Nase, Frater,
dorten kannst du uns ein Rater
und ein ›Seelensorger‹ sein!

6. BALLADE

Gestern zogen wilde Horden
durch das Dörfchen hin mit Morden,
und ein Mädchen sinnt jetzt still:
Ist der Liebste untreu worden,
weil er heut nicht kommen will? –
Draußen schrien die Dohlen.

Mädchen ging mit bleicher Wange
durch das Haus. – Sie harrte lange,
und des Nachts floh sie der Schlaf.
Und sie schlich hinaus zum Hange,
wo sie stets den Teuren traf.
Ängstlich schrien die Dohlen.

Und die Nacht war schwarz, die schwüle,
fern nur brannte eine Mühle...

Weinend wählt die matte Maid
sich gar weiches Kraut zum Pfühle
und entschlief in lauter Leid.
Schrieen noch die Dohlen?

Spät erwacht sie. Nebel grauten
rings – soweit die Augen schauten...
Weh! – Was sie ein Kraut geglaubt,
ist das Haar an ihres Trauten
blutigem, zerschelltem Haupt. —
Schrecklich schrien die Dohlen.

7. DER FENSTERSTURZ

»Naht Verrat mit leisem Schritte,
ungerächt, bei der Madonna,
bleibt er nicht! Nach alter Sitte
zu den Fenstern!« schrie Colonna.

»Schont den Popel! doch die andern,
jeder eine feige Natter,
aus den Fenstern laßt sie wandern!
Mitleid? – Werft ihn mit, den Platter!«

Bange hangt am Fensterstocke
Martinitz noch. – Da Geröchel:
Turn schwingt seine Degenglocke
und zerschmettert ihm die Knöchel.

Und zum nächsten: »Sag, wie heißt er,
Böhmens Herr? du sollst mirs deuten!«
»Graf von Turn!« – »Der Bürgermeister
lasse alle Glocken läuten!« –

8. GOLD

»Dein Wams, Geliebter, ist voll Gold.
Wo hast das Gold du her?« –
»Da schaust du, Kind, das ist mein Sold,
kein Obrist hat wohl mehr!«

»Nein, das ist gutes, rotes Gold,
das kann dein Sold nicht sein!« –
»Beim Spielen war das Glück mir hold,
und da ward alles mein!«

»Ist wirklich alles dein – das Gold,
gesteh, – und ists kein Trug?« –
»Nun, Würfel haben mir gerollt,
und jetzt laß es genug!«

»Und gibst du mir auch von dem Gold?«
»Das weißt du!« – »Nein, du Schelm,
just auf der Stelle, sieh, ich wollt,
du füllst mir deinen Helm!«

»Es sei!« – »Wie's durch die Finger bebt,
der Glanz gefällt mir gut! –
– – – – – – – – – – – – – – – – – –

– – – – – – – – – – – – – – – –

... Schau, was dir da am Finger klebt,
kam das vom Golde? – Blut!« – ...

– – – – – – – – – – – – – – – –

9. SZENE

»Du kniest am Markstein, Alter, sprich! –
Das ist kein Heilgenbild!«
»Kein Bild? – Ich bet. – Es faßte mich
das Schicksal gar so wild. «

»Hast du kein Haus, hast du kein Land,
das deiner Hände braucht?«
»Das Land zerstampft, das Haus verbrannt,
sieh hin – gewiß – es raucht. «

»Was bauts nicht wieder auf dein Sohn
und hilft dir aus der Not?«
»Mein Sohn zog in den Krieg davon,
jetzt ist er sicher tot. « –

»Was streicht dir deines Haares Schnee
der Tochter Hand nicht, weich?« –
»Der bracht ein Troßbub Schand und Weh,
da sprang sie in den Teich. « –

»So sieh mir ins Gesicht! – Und brach
das Herz dir auch vor Graus ... «

– – – – – – – – – – – – – – – – –

»Ich kann nicht, Herr, ein Kriegsknecht stach
mir beide Augen aus. «

10. FEUERLILIE

Winters, als die Äste krachten,
keine Bäche konnten frieren,
weil die Fluten Blutes ihren
Pulsschlag immer neu entfachten.

Als die Zeit kam, da die Blume
aufwacht und der Vogel flötet,
sprang die Lilie selbst gerötet
aus der todgedüngten Krume.

11. BEIM FRIEDLAND

Heimgekehrt von Schlacht und Schlag
freut sich Obrist und Gemeiner;
denn jetzt hält der Wallensteiner
wieder seinen Hof zu Prag.

Just ließ frei den Turn er ziehn;
das war so von seinen Trümpfen
einer. – Drauf ward Nasenrümpfen
Mode... dort bei Hof zu Wien.

Laßt sie zetern. Friedlands Heer
muß nicht darben und nicht dürsten, –

und aus Knechten macht er Fürsten,
unser Herzog. – Wer kann mehr?

12. FRIEDEN

Prag gebar die Mißgestalt
dieses Krieges, der voll Tücke
hauste. – Auf der Karlsbrücke
starb er, dreißig Jahre alt.

Endlich riß das Eisenstück
nur dem Acker eine Schramme,
und vom Kirchturm schlug die Flamme
in den trauten Herd zurück.

BEI DEN URSULINEN

Geh mittags zu den Ursulinen,
wenn man den Armen Speise trug,
da siehst du, wie in müde Mienen
die Not schrieb ihren Namenszug.

Da siehst du Stirnen, die schon frühe
des Schmerzes Eisenreif umschloß,
und Wangen, die der Dunst der Brühe
mit falscher Röte übergoß.

Du hörst, wie leisem Dankesworte
sich Fluch bald, bald Gebet gesellt:

so brandet an der Klosterpforte
das ganze Elend dieser Welt.

AUS DER KINDERZEIT

Sommertage auf der ›Golka‹...
Ich, ein Kind noch. – Leise her,
aus dem Gasthaus klingt die Polka,
und die Luft ist sonnenschwer.

Sonntag ists. – Es liest Helene
lieb mir vor. – Im Lichtgeglänz
ziehn die Wolken, wie die Schwäne
aus dem Märchen Andersens.

Schwarze Fichten stehn wie Wächter
bei der Wiesen buntem Schatz;
von der Straße dringt Gelächter
bis zu unserm Laubenplatz.

An die Mauer lockt uns beide
mancher laute Jubelschrei:
drunten geht im Feierkleide
Paar um Paar zum Tanz vorbei.

Bunt und selig, Bursch und Holka,
Glück und Sonne im Gesicht! –
Sommertage auf der ›Golka‹, –
und die Luft war voller Licht...

RABBI LÖW

⟨1⟩

»Weiser Rabbi, hoher Liva, hilf uns aus dem Bann
der Not:
heut gibt uns Jehova Kinder, morgen raubt sie uns der
Tod.
Schon faßt Beth Chaim nicht die Scharen, und kaum
hat der Leichenwart
eins bestattet, nahen andre Tote; Rabbi, das ist hart. «

Und der Rabbi: »Geht und schickt mir einen Bocher
rasch herein. « –
So geschiehts: »Wagst du nach Beth Chaim diese
Nacht dich ganz allein?«
»Du befiehlst es, weiser Meister!« – »Gut, so hör, um
Mitternacht
tanzen all die Kindergeister auf den grauen Steinen
sacht.

Birg dich dorten im Gebete, und wenn Furcht dein
Herz beklemmt,
streif sie ab: Du raubst dem nächsten Kinde kühn sein
Leichenhemd.
Raubst es, – bringst es her im Fluge, her zu mir!
Begreifst du wohl?«
»Wie du heißest tun mich, Meister, tu ich!« klingt die
Antwort hohl.

⟨2⟩

Mitternacht und Mondgegleiße, –
... und es stürzt der totenblasse
Bocher bebend durch die Gasse,
in der Hand das Hemd, das weiße.

Da jetzt... sind das seine Schritte?...
Jach kehrt er zurück das bleiche
Antlitz: Weh, die Kindesleiche
folgt ihm nach, im Aug die Bitte:

»... Gieb das Linnen, ohne Linnen
lassen mich nicht ein die Geister...«
Und der Bocher, halb von Sinnen,
reicht es endlich seinem Meister.

Und schon naht der Geist mit Klagen...
»Sag, was sterben hundert binnen
Tagen? – Kind, du *mußt* es sagen,
früher darfst du nicht von hinnen.«

So der Rabbi. – »Wehe, wehe«,
ruft der Geist, »aus unserm Stamme
haben zwei entehrt der Ehe
keusche, reine Altarflamme!

Hier die Namen! – Sucht nicht fremde
Ursach, daß euch Tod beschieden...«
Und der Rabbi reicht das Hemde
jetzt dem Kinde: »Zieh in Frieden!«

Kaum, daß aus dem Nachtkelch maijung
stieg der Tag in rosgem Licht,
hielt der Rabbi schon Gericht, –
und der Unschuld ward Befreiung.

Mit der Geißel des Gesetzes
brandmarkt er die Sünderstirn; –
langsam löste jedes Hirn
sich vom Bann des Fluchgenetzes.

Manches Paar war da erschienen,
dankerfüllt, daß Gott verzieh,
und der Weise segnet sie. –
Freude lag auf aller Mienen.

Nur der Bocher warf, der bleiche,
sich im Fieber hin und her . . .
Doch nach Beth Chaim lange mehr
trug man keine Kindesleiche.

DIE ALTE UHR

Bald hättest, alte Rathausuhr,
du nimmer dürfen Stunden weisen;
sie hätten bald in altem Eisen
versplittert deine letzte Spur.

Der Geizhals hätt zum letzten Mal
sein Haupt gewiegt in starrem Trotzen,
zum letzten Mal der Tod mit Glotzen
geschwungen seinen Sensenstahl.

Dann hätt der Hahn auch ausgekräht.
Und heut noch kräht er, freilich heiser;
noch nickt der Geizhals fort, und leiser
droht ihm des Todes Majestät.

KÄMPFEN

I

Ein heißer Eid, ein gramerpreßter,
der leicht von jungen Lippen rinnt,
der machte zur barmherzgen Schwester
fast über Nacht ein blondes Kind.

Des jungen Lebens Wellen fließen
fortan durch Krankenstuben still;
es träumt ihr Herz noch vom Genießen,
wenn auch das Aug es leugnen will.

Denn mit der Strenge der Asketen
drängt sie zurück, was in ihr quillt,
und geht um Kraft nach Emaus beten
zum wunderstarken Gnadenbild.

SIEGEN

II

Der Tag beginnt sich kaum zu lichten;
»Heut sei im Glauben stark wie nie
und geh mit Gott an deine Pflichten:
Es ist ein Fall von Diphtherie...«

Sie pflegt und küßt den kleinen Kranken,
und doch packt ihn der Tod beim Hals...
Spät rafft sie auf sich, heimzuwanken,
erfröstelnd in den Schutz des Schals.

Als man vorbei beim Kloster gestern
den Kleinen trug ins Bett von Lehm,
klang aus der ›Kirche von den Schwestern‹
ganz leis ein Totenrequiem...

IM HERBST

Ein Riesenspinngewebe, zieht
Altweibersommer durch die Welt sich; –
und der Laurenziberg gefällt sich
im goldig-bräunlichen Habit.

Weil er so mild herübersieht,
sucht müd, gestützt auf Strahlenkrücken,
die Sonne hinter seinem Rücken
schon frühe ihr Valladolid.

DER KLEINE ›DRÁTENÍK‹

Kommt so ein Bursche, ein junger,
Mausfallen, Siebe am Rücken,
folgt mir durch Gassen und Brücken:
»Herr, ich hab ›türkischen Hunger‹.

Nur einen Krajcar, nur *einen*
für ein Stück Brot, milost' pánků!«
Da! – Und er stammelt mir Dank zu,
doch läßt nicht Ruh er den Beinen.

Lebt nicht von bloßem Gelunger. –
Riecht an den Türen den Braten
und muß die Pfannen doch drahten –
leer: – das macht ›türkischen Hunger‹.

IN DER VORSTADT

Die Alte oben mit dem heisern Husten,
ja, die ist tot. – Wer war sie? – Du mein Gott,
sie gab uns nichts, – ihr gab man Hohn und Spott...
Kaum, daß die Leute ihren Namen wußten.

Und unten stand der schwarze Kastenwagen.
Die letzte Klasse; als der Totenschrein
sich spreizte, stieß man fluchend ihn hinein,
und dann ward rauh die Türe zugeschlagen.

Der Kutscher hieb in seine magern Mähren
und fuhr im Trab so leicht zum Friedhof hin,
als wenn da nicht ein ganzes Leben drin
voll Weh und Glück – und tote Träume wären.

BEI ST. HEINRICH

Hart am Kirchenaltargitter,
wo die Ampel flammt, die matte,
schläft ein alter, alter Ritter
unter grauer Wappenplatte.

Lebend hielt er hoch sein Wappen,
sorgte immer für sein Blinken; –
weiß er, daß mit schmutzgen Schlappen
alte Weiber drüber hinken?

MITTELBÖHMISCHE LANDSCHAFT

Fern dämmert wogender Wälder
beschatteter Saum.
Dann unterbricht
nur hie und da ein Baum
die falbe Fläche hoher Ährenfelder.
Im hellsten Licht
keimt die Kartoffel; dann
ein wenig weiter Gerste, bis der Tann
das Bild begrenzt.
Hoch überm Jungwald glänzt

so goldig-rot ein Kirchturmkreuz herüber,
aus Fichten ragt der Hegerhütte Bau; –
und drüber
wölbt sich ein Himmel, blank und blau.

DAS HEIMATLIED

Vom Feld klingt ernste Weise;
weiß nicht, wie mir geschieht...
»Komm her, du Tschechenmädchen,
sing mir ein Heimatlied.« –

Das Mädchen läßt die Sichel,
ist hier mit Husch und Hui, –
setzt nieder sich am Feldrain
und singt: »Kde domov můj«...

Jetzt schweigt sie still. Voll Tränen
das Aug mir zugewandt, –
nimmt meine Kupferkreuzer
und küßt mir stumm die Hand.

TRAUMGEKRÖNT

1896

KÖNIGSLIED

Darfst das Leben mit Würde ertragen,
nur die Kleinlichen macht es klein;
Bettler können dir Bruder sagen,
und du kannst doch ein König sein.

Ob dir der Stirne göttliches Schweigen
auch kein rotgoldener Reif unterbrach, –
Kinder werden sich vor dir neigen,
selige Schwärmer staunen dir nach.

Tage weben aus leuchtender Sonne
dir deinen Purpur und Hermelin,
und, in den Händen Wehmut und Wonne,
liegen die Nächte vor dir auf den Knien . . .

Träumen

I

Mein Herz gleicht der vergessenen Kapelle;
auf dem Altare prahlt ein wilder Mai.
Der Sturm, der übermütige Geselle,
brach längst die kleinen Fenster schon entzwei;
er schleicht herein jetzt bis zur Sakristei
und zerrt dort an der Ministrantenschelle.
Der schrillen Glocke zager Sehnsuchtsschrei
ruft zu der längst entwöhnten Opferstelle
den arg erstaunten fernen Gott herbei.
Da lacht der Wind und hüpft durchs Fenster frei.
Doch der Erzürnte packt des Klanges Welle
und schmettert an den Fliesen sie entzwei.

Und arme Wünsche knien in langer Reih
vorm Tor und betteln an vermooster Schwelle.
Doch längst schon geht kein Beter mehr vorbei.

II

Ich denke an:

Ein Dörfchen schlicht in des Friedens Prangen,
drin Hahngekräh;
und dieses Dörfchen verloren gegangen
im Blütenschnee.

Und drin im Dörfchen mit Sonntagsmienen
ein kleines Haus;
ein Blondkopf nickt aus den Tüllgardinen
verstohlen heraus.
Rasch auf die Türe, die angelheiser
um Hilfe ruft, –
und dann in der Stube ein leiser, leiser
Lavendelduft...

III

Mir ist: ein Häuschen wär mein eigen;
vor seiner Türe säß ich spät,
wenn hinter violetten Zweigen
bei halbverhalltem Grillengeigen
die rote Sonne sterben geht.

Wie eine Mütze grünlich-samten
steht meinem Haus das moosge Dach,
und seine kleinen, dickumrammten
und blankverbleiten Scheiben flammten
dem Tage heiße Grüße nach.

Ich träumte, und mein Auge langte
schon nach den blassen Sternen hin, –
vom Dorfe her ein Ave bangte,
und ein verlorner Falter schwankte
im schneeig schimmernden Jasmin.

Die müde Herde trollte trabend
vorbei, der kleine Hirte pfiff, –

und in die Hand das Haupt vergrabend,
empfand ich, wie der Feierabend
in meiner Seele Saiten griff.

IV

Eine alte Weide trauert
dürr und fühllos in den Mai, –
eine alte Hütte kauert
grau und einsam hart dabei.

War ein Nest einst in der Weide,
in der Hütt ein Glück zu Haus;
Winter kam und Weh, – und beide
blieben aus...

V

Die Rose hier, die gelbe,
gab gestern mir der Knab,
heut trag ich sie, dieselbe,
hin auf sein frisches Grab.

An ihren Blättern lehnen
noch lichte Tröpfchen, – schau!
Nur heute sind es Tränen, –
und gestern war es Tau...

Wir saßen beisammen im Dämmerlichte.
»Mütterchen«, schmeichelte ich, »nicht wahr,
du erzählst mir noch einmal die schöne Geschichte
von der Prinzessin mit goldnem Haar?« –

Seit Mütterchen tot ist, durch dämmernde Tage
führt mich die Sehnsucht, die blasse Frau;
und von der schönen Prinzessin die Sage
weiß sie wie Mütterchen ganz genau...

VII

Ich wollt, sie hätten statt der Wiege
mir einen kleinen Sarg gemacht,
dann wär mir besser wohl, dann schwiege
die Lippe längst in feuchter Nacht.

Dann hätte nie ein wilder Wille
die bange Brust durchzittert, – dann
wärs in dem kleinen Körper stille,
so still, wie's niemand denken kann.

Nur eine Kinderseele stiege
zum Himmel hoch so sacht, – ganz sacht...
Was haben sie mir statt der Wiege
nicht einen kleinen Sarg gemacht? –

Jene Wolke will ich neiden,
die dort oben schweben darf!
Wie sie auf besonnte Heiden
ihre schwarzen Schatten warf.

Wie die Sonne zu verdüstern
sie vermochte kühn genug,
wenn die Erde lichteslüstern
grollte unter ihrem Flug.

All die goldnen Strahlenfluten
jener Sonne wollt auch ich
hemmen! Wenn auch für Minuten!
Wolke! Ja, ich neide dich!

IX

Mir ist: Die Welt, die laute, kranke,
hat jüngst zerstört ein jäh Zerstieben,
und mir nur ist der Weltgedanke,
der große, in der Brust geblieben.

Denn so ist sie, wie ich sie dachte;
ein jeder Zwiespalt ist vertost:
auf goldnen Sonnenflügeln sachte
umschwebt mich grüner Waldestrost.

X

Wenn das Volk, das drohnenträge,
trabt den altvertrauten Trott,
möcht ich weiße Wandelwege
wallen durch das Duftgehege
ernst und einsam wie ein Gott.

Wandeln nach den glanzdurchsprühten
Fernen, lichten Lohns bewußt; –
um die Stirne kühle Blüten
und von kinderkeuschen Mythen
voll die sabbatstille Brust.

XI

Weiß ich denn, wie mir geschieht?
In den Lüften Düftequalmen
und in bronzebraunen Halmen
ein verlornes Grillenlied.

Auch in meiner Seele klingt
tief ein Klang, ein traurig-lieber, –
so hört wohl ein Kind im Fieber,
wie die tote Mutter singt.

XII

Schon blinzt aus argzerfetztem Laken
der holde, keusche Götternacken
der früherwachenden Natur,

und nur in tiefentlegnen Talen
zeigt hinter violetten, kahlen
Gebüschen sich mit falschem Prahlen
des Winters weiße Sohlenspur.

Hin geh ich zwischen Weidenbäumen
an nassen Räderrinnensäumen
den Fahrweg, und der Wind ist mild.
Die Sonne prangt im Glast des Märzen
und zündet an im dunkeln Herzen
der Sehnsucht weiße Opferkerzen
vor meiner Hoffnung Gnadenbild.

XIII

Fahlgrauer Himmel, von dem jede Farbe
bange verblich.
Weit – ein einziger lohroter Strich
wie eine brennende Geißelnarbe.

Irre Reflexe vergehn und erscheinen.
Und in der Luft
liegts wie ersterbender Rosenduft
und wie verhaltenes Weinen...

XIV

Die Nacht liegt duftschwer auf dem Parke,
und ihre Sterne schauen still,
wie schon des Mondes weiße Barke
im Lindenwipfel landen will.

Fern hör ich die Fontäne lallen
ein Märchen, das ich längst vergaß, –
und dann ein leises Apfelfallen
ins hohe, regungslose Gras.

Der Nachtwind schwebt vom nahen Hügel
und trägt durch alte Eichenreihn
auf seinem blauen Falterflügel
den schweren Duft vom jungen Wein.

XV

Im Schooß der silberhellen Schneenacht
dort schlummert alles weit und breit,
und nur ein ewig wildes Weh wacht
in einer Seele Einsamkeit.

Du fragst, warum die Seele schwiege,
warum sie's in die Nacht hinaus
nicht gießt? – Sie weiß, wenns ihr entstiege,
es löschte alle Sterne aus.

XVI

Abendläuten. Aus den Bergen hallt es
wieder neu zurück in immer mattern
Tönen. Und ein Lüftchen fühlst du flattern
von dem grünen Talgrund her, ein kaltes.

In den weißen Wiesenquellen lallt es
wie ein Stammeln kindischen Gebetes;

durch den schwarzen Tannenhochwald geht es
wie ein Dämmern, ein jahrhundertaltes.

Durch die Fuge eines Wolkenspaltes
wirft der Abend rote Blutkorallen
nach den Felsenwänden. – Und sie prallen
lautlos von den Schultern des Basaltes.

XVII

Weltenweiter Wandrer,
walle fort in Ruh...
also kennt kein andrer
Menschenleid wie du.

Wenn mit lichtem Leuchten
du beginnst den Lauf,
schlägt der Schmerz die feuchten
Augen zu dir auf.

Drinnen liegt – als riefen
sie dir zu: Versteh! –
tief in ihren Tiefen
eine Welt voll Weh...

Tausend Tränen reden
ewig ungestillt,
und in einer jeden
spiegelt sich dein Bild!

XVIII

Möchte mir ein blondes Glück erkiesen;
doch vom Sehnen bin ich müd und Suchen. –
Weiße Wasser gehn in stillen Wiesen,
und der Abend blutet in die Buchen.

Mädchen wandern heimwärts. Rot im Mieder
Rosen; ferneher verklingt ihr Lachen...
Und die ersten Sterne kommen wieder
und die Träume, die so traurig machen.

XIX

Vor mir liegt ein Felsenmeer,
Sträucher, halb im Schutt versunken.
Todesschweigen. – Nebeltrunken
hangt der Himmel drüber her.

Nur ein matter Falter schwirrt
rastlos durch das Land, das kranke...
Einsam, wie ein Gottgedanke
durch die Brust des Leugners irrt.

XX

Die Fenster glühten an dem stillen Haus,
der ganze Garten war voll Rosendüften.
Hoch spannte über weißen Wolkenklüften
der Abend in den unbewegten Lüften
die Schwingen aus.

Ein Glockenton ergoß sich auf die Au...
Lind wie ein Ruf aus himmlischen Bezirken.
Und heimlich über flüstervollen Birken
sah ich die Nacht die ersten Sterne wirken
ins blasse Blau.

XXI

Es gibt so wunderweiße Nächte,
drin alle Dinge Silber sind.
Da schimmert mancher Stern so lind,
als ob er fromme Hirten brächte
zu einem neuen Jesuskind.

Weit wie mit dichtem Demantstaube
bestreut, erscheinen Flur und Flut,
und in die Herzen, traumgemut,
steigt ein kapellenloser Glaube,
der leise seine Wunder tut.

XXII

Wie eine Riesenwunderblume prangt
voll Duft die Welt, an deren Blütenspelze,
ein Schmetterling mit blauem Schwingenschmelze,
die Mainacht hangt.

Nichts regt sich; nur der Silberfühler blinkt...
Dann trägt sein Flügel ihn, sein frühverblaßter,
nach Morgen, wo aus feuerroter Aster
er Sterben trinkt...

XXIII

Wie, jegliches Gefühl vertiefend,
ein süßer Drang die Brust bewegt,
wenn sich die Mainacht, sternetriefend,
auf mäuschenstille Plätze legt.

Da schleichst du hin auf sachter Sohle
und schwärmst zum blanken Blau hinauf,
und groß wie eine Nachtviole
geht dir die dunkle Seele auf...

XXIV

O gäbs doch Sterne, die nicht bleichen,
wenn schon der Tag den Ost besäumt;
von solchen Sternen ohnegleichen
hat meine Seele oft geträumt.

Von Sternen, die so milde blinken,
daß dort das Auge landen mag,
das müde ward vom Sonnetrinken
an einem goldnen Sommertag.

Und schlichen hoch ins Weltgetriebe
sich wirklich solche Sterne ein, –
sie müßten der verborgnen Liebe
und allen Dichtern heilig sein.

XXV

Mir ist so weh, so weh, als müßte
die ganze Welt in Grau vergehn,
als ob mich die Geliebte küßte
und spräch: Auf Nimmerwiedersehn.

Als ob ich tot wär und im Hirne
mir dennoch wühlte wilde Qual,
weil mir vom Hügel eine Dirne
die letzte, blasse Rose stahl...

XXVI

Matt durch der Tale Gequalme wankt
Abend auf goldenen Schuhn, –
Falter, der träumend am Halme hangt,
weiß nichts vor Wonne zu tun.

Alles schlürft heil an der Stille sich. –
Wie da die Seele sich schwellt,
daß sie als schimmernde Hülle sich
legt um das Dunkel der Welt.

XXVII

Ein Erinnern, das ich heilig heiße,
leuchtet mir durchs innerste Gemüt,
so wie Götterbildermarmorweiße
durch geweihter Haine Dämmer glüht.

Das Erinnern einstger Seligkeiten,
das Erinnern an den toten Mai, –
Weihrauch in den weißen Händen, schreiten
meine stillen Tage dran vorbei...

XXVIII

Glaubt mir, daß ich, matt vom Kranken,
keinen lauten Lenz mehr mag, –
will nur einen sonnenblanken,
wipfelroten Frühherbsttag.

Will die Lust, die jubelschrille,
nicht mehr in die Brust zurück, –
will nur Sterbestubenstille
drinnen – für mein totes Glück.

Lieben

I

Und wie mag die Liebe dir kommen sein?
Kam sie wie ein Sonnen, ein Blütenschnein,
kam sie wie ein Beten? – Erzähle:

Ein Glück löste leuchtend aus Himmeln sich los
und hing mit gefalteten Schwingen groß
an meiner blühenden Seele...

II

Das war der Tag der weißen Chrysanthemen, –
mir bangte fast vor seiner schweren Pracht...
Und dann, dann kamst du mir die Seele nehmen
tief in der Nacht.

Mir war so bang, und du kamst lieb und leise, –
ich hatte grad im Traum an dich gedacht.
Du kamst, und leis wie eine Märchenweise
erklang die Nacht...

III

Einen Maitag mit dir beisammen sein,
und selbander verloren ziehn
durch der Blüten duftqualmende Flammenreihn
zu der Laube von weißem Jasmin.

Und von dorten hinaus in den Maiblust schaun,
jeder Wunsch in der Seele so still...
Und ein Glück sich mitten in Mailust baun,
ein großes, – das ists, was ich will...

IV

Ich weiß nicht, wie mir geschieht...
Weiß nicht, was Wonne ich lausche,
mein Herz ist fort wie im Rausche,
und die Sehnsucht ist wie ein Lied.

Und mein Mädel hat fröhliches Blut
und hat das Haar voller Sonne
und die Augen von der Madonne,
die heute noch Wunder tut.

V

Ob du's noch denkst, daß ich dir Äpfel brachte
und dir das Goldhaar glattstrich leis und lind?
Weißt du, das war, als ich noch gerne lachte,
und du warst damals noch ein Kind.

Dann ward ich ernst. In meinem Herzen brannte
ein junges Hoffen und ein alter Gram...
Zur Zeit, als einmal dir die Gouvernante
den ›Werther‹ aus den Händen nahm.

Der Frühling rief. Ich küßte dir die Wangen,
dein Auge sah mich groß und selig an.

90

Das war ein Sonntag. Ferne Glocken klangen,
und Lichter gingen durch den Tann...

VI

Wir saßen beide in Gedanken
im Weinblattdämmer – du und ich –
und über uns in duftgen Ranken
versummte wo ein Hummel sich.

Reflexe hielten, bunte Kreise,
in deinem Haare flüchtig Rast...
Ich sagte nichts als einmal leise:
»Was du für schöne Augen hast.«

VII

Blondköpfchen hinter den Scheiben
hebt es sich ab so fein, –
sternt es ins Stäubchentreiben
oder zu mir herein?

Ist es das Köpfchen, das liebe,
das mich gefesselt hält,
oder das Stäubchengetriebe
dort in der sonnigen Welt?

Keins sieht zum andern hinüber.
Heimlich, die Stirne voll Ruh
schreitet der Abend vorüber...
Und wir? Wir sehn ihm halt zu. –

VIII

Die Liese wird heute just sechzehn Jahr.
Sie findet im Klee einen Vierling...
Fern drängt sichs wie eine Bubenschar:
die Löwenzähne mit blondem Haar
betreut vom sternigen Schierling.

Dort hockt hinterm Schierling der Riesenpan,
der strotzige, lose Geselle.
Jetzt sieht er verstohlen die Liese nahn
und lacht und wälzt durch den Wiesenplan
des Windes wallende Welle...

IX

Ich träume tief im Weingerank
mit meiner blonden Kleinen;
es bebt ihr Händchen, elfenschlank,
im heißen Zwang der meinen.

So wie ein gelbes Eichhorn huscht
das Licht hin im Reflexe,
und violetter Schatten tuscht
ins weiße Kleid ihr Kleckse.

In unsrer Brust liegt glückverschneit
goldsonniges Verstummen.
Da kommt in seinem Sammetkleid
ein Hummel Segen summen...

X

Es ist ein Weltmeer voller Lichte,
das der Geliebten Aug umschließt,
wenn von der Flut der Traumgesichte
die keusche Seele überfließt.

Dann beb ich vor der Wucht des Schimmers
so wie ein Kind, das stockt im Lauf,
geht vor der Pracht des Christbaumzimmers
die Flügeltüre lautlos auf.

XI

Ich war noch ein Knabe. Ich weiß, es hieß:
Heut kommt Base Olga zu Gaste.
Dann sah ich dich nahn auf dem schimmernden Kies,
ins Kleidchen gepreßt, ins verblaßte.

Bei Tisch saß man später nach Ordnung und Rang
und frischte sich mäßig die Kehle;
und wie mein Glas an das deine klang,
da ging mir ein Riß durch die Seele.

Ich sah dir erstaunt ins Gesicht und vergaß
mich dem Plaudern der andern zu einen,
denn tief im trockenen Halse saß
mir würgend ein wimmerndes Weinen.

Wir gingen im Parke. – Du sprachst vom Glück
und küßtest die Lippen mir lange,

und ich gab dir fiebernde Küsse zurück
auf die Stirne, den Mund und die Wange.

Und da machtest du leise die Augen zu,
die Wonne blind zu ergründen...
Und mir ahnte im Herzen: da wärest du
am liebsten gestorben in Sünden...

XII

Die Nacht im Silberfunkenkleid
streut Träume eine Handvoll,
die füllen mir mit Trunkenheit
die tiefe Seele randvoll.

Wie Kinder eine Weihnacht sehn
voll Glanz und goldnen Nüssen, –
seh ich dich durch die Mainacht gehn
und alle Blumen küssen.

XIII

Schon starb der Tag. Der Wald war zauberhaft,
und unter Farren bluteten Zyklamen,
die hohen Tannen glühten, Schaft bei Schaft,
es war ein Wind, – und schwere Düfte kamen.
Du warst von unserm weiten Weg erschlafft,
ich sagte leise deinen süßen Namen:
Da bohrte sich mit wonnewilder Kraft
aus deines Herzens weißem Liliensamen
die Feuerlilie der Leidenschaft.

Rot war der Abend – und dein Mund so rot,
wie meine Lippen sehnsuchtheiß ihn fanden,
und jene Flamme, die uns jäh durchloht,
sie leckte an den neidischen Gewanden...
Der Wald war stille, und der Tag war tot.
Uns aber war der Heiland auferstanden,
und mit dem Tage starben Neid und Not.
Der Mond kam groß an unsern Hügeln landen,
und leise stieg das Glück aus weißem Boot.

XIV

Es leuchteten im Garten die Syringen,
von einem Ave war der Abend voll, –
da war es, daß wir voneinander gingen
in Gram und Groll.

Die Sonne war in heißen Fieberträumen
gestorben hinter grauen Hängen weit,
und jetzt verglomm auch hinter Blütenbäumen
dein weißes Kleid.

Ich sah den Schimmer nach und nach vergehen
und bangte bebend wie ein furchtsam Kind,
das lange in ein helles Licht gesehen:
Bin ich jetzt blind? –

XV

Oft scheinst du mir ein Kind, ein kleines, –
dann fühl ich mich so ernst und alt, –

wenn nur ganz leis dein glockenreines
Gelächter in mir widerhallt.

Wenn dann in großem Kinderstaunen
dein Auge aufgeht, tief und heiß, –
möcht ich dich küssen und dir raunen
die schönsten Märchen, die ich weiß.

XVI

Nach einem Glück ist meine Seele lüstern,
nach einem kurzen, dummen Wunderwahn...
Im Quellenquirlen und im Föhrenflüstern
da hör ichs nahn...

Und wenn von Hügeln, die sich purpurn säumen,
in bleiche Bläue schwimmt der Silberkahn, –
dann unter schattenschweren Blütenbäumen
seh ich es nahn.

In weißem Kleid; so wie das Lieb, das tote,
am Sonntag mit mir ging durch Staub und Strauch,
am Herzen jene Blume nur, die rote,
trug es die auch?...

XVII

Wir gingen unter herbstlich bunten Buchen,
vom Abschiedsweh die Augen Beide rot...
»Mein Liebling, komm, wir wollen Blumen suchen.«
Ich sagte bang: »Die sind schon tot.«

Mein Wort war lauter Weinen. – In den Äthern
stand kindisch lächelnd schon ein blasser Stern.
Der matte Tag ging sterbend zu den Vätern,
und eine Dohle schrie von fern. –

XVIII

Im Frühling oder im Traume
bin ich dir begegnet einst,
und jetzt gehn wir zusamm durch den Herbsttag,
und du drückst mir die Hand und weinst.

Weinst du ob der jagenden Wolken?
Ob der blutroten Blätter? Kaum.
Ich fühl es: du warst einmal glücklich
im Frühling oder im Traum . . .

XIX

Sie hatte keinerlei Geschichte,
ereignislos ging Jahr um Jahr –
auf einmal kams mit lauter Lichte . . .
die Liebe oder was das war.

Dann plötzlich sah sie's bang zerrinnen,
da liegt ein Teich vor ihrem Haus . . .
So wie ein Traum scheints zu beginnen,
und wie ein Schicksal geht es aus.

XX

Man merkte: der Herbst kam. Der Tag war schnell
erstorben im eigenen Blute.
Im Zwielicht nur glimmte die Blume noch grell
auf der Kleinen verbogenem Hute.

Mit ihrem zerschlissenen Handschuh strich
sie die Hand mir schmeichelnd und leise. –
Kein Mensch in der Gasse als sie und ich...
Und sie bangte: Du reisest? »Ich reise.«

Da stand sie, das Köpfchen voll Abschiedsnot
in den Stoff meines Mantels vergrabend...
Vom Hütchen nickte die Rose rot,
und es lächelte müde der Abend.

XXI

Manchmal da ist mir: Nach Gram und Müh
will mich das Schicksal noch segnen,
wenn mir in feiernder Sonntagsfrüh
lachende Mädchen begegnen...
Lachen hör ich sie gerne.

Lange dann liegt mir das Lachen im Ohr,
nie kann ichs, wähn ich, vergessen...
Wenn sich der Tag hinterm Hange verlor,
will ich mirs singen... Indessen
singens schon oben die Sterne...

XXII

Es ist lang, – es ist lang...
wann – weiß ich gar nimmer zu sagen...
eine Glocke klang, eine Lerche sang –
und ein Herz hat so selig geschlagen.
Der Himmel so blank überm Jungwaldhang,
der Flieder hat Blüten getragen, –
und im Sonntagskleide ein Mädchen, schlank,
das Auge voll staunender Fragen...
    Es ist lang, – es ist lang...

ADVENT

1897

ADVENT

Es treibt der Wind im Winterwalde
die Flockenherde wie ein Hirt,
und manche Tanne ahnt, wie balde
sie fromm und lichterheilig wird;
und lauscht hinaus. Den weißen Wegen
streckt sie die Zweige hin – bereit,
und wehrt dem Wind und wächst entgegen
der einen Nacht der Herrlichkeit.

Gaben

an verschiedene Freunde

Das ist mein Streit:
Sehnsuchtgeweiht
durch alle Tage schweifen.
Dann, stark und breit,
mit tausend Wurzelstreifen
tief in das Leben greifen –
und durch das Leid
weit aus dem Leben reifen,
weit aus der Zeit!

Du meine heilige Einsamkeit,
du bist so reich und rein und weit
wie ein erwachender Garten.
Meine heilige Einsamkeit du –
halte die goldenen Türen zu,
vor denen die Wünsche warten.

Der Bach hat leise Melodien,
und fern ist Staub und Stadt.
Die Wipfel winken her und hin
und machen mich so matt.

Der Wald ist wild, die Welt ist weit,
mein Herz ist hell und groß.
Es hält die blasse Einsamkeit
mein Haupt in ihrem Schooß.

Ich liebe vergessene Flurmadonnen,
die ratlos warten auf irgendwen,
und Mädchen, die an einsame Bronnen,
Blumen im Blondhaar, träumen gehn.

Und Kinder, die in die Sonne singen
und staunend groß zu den Sternen sehn,
und die Tage, wenn sie mir Lieder bringen,
und die Nächte, wenn sie in Blüten stehn.

Warst du ein Kind in froher Schar,
dann kannst du's freilich nicht erfassen,
wie es mir kam, den Tag zu hassen
als ewig feindliche Gefahr.
Ich war so fremd und so verlassen,
daß ich nur tief in blütenblassen
Mainächten heimlich selig war.

Am Tag trug ich den engen Ring
der feigen Pflicht in frommer Weise.
Doch abends schlich ich aus dem Kreise,
mein kleines Fenster klirrte – kling –
sie wußtens nicht. Ein Schmetterling,
nahm meine Sehnsucht ihre Reise,

weil sie die weiten Sterne leise
nach ihrer Heimat fragen ging.

Pfauenfeder:

In deiner Feinheit sondergleichen,
wie liebte ich dich schon als Kind.
Ich hielt dich für ein Liebeszeichen,
das sich an silberstillen Teichen
in kühler Nacht die Elfen reichen,
wenn alle Kinder schlafen sind.

Und weil Großmütterchen, das gute,
mir oft von Wünschegerten las,
so träumte ich, du Zartgemute,
in deinen feinen Fasern flute
die kluge Kraft der Rätselrute –
und suchte dich im Sommergras.

Oft denk ich auf der Alltagsreise
der Nacht, und daß ein Traum mir frommt,
der mir mit Lippen, kühl und leise,
die schwüle Stirne küssen kommt.

Dann sehn ich mich, die Sterne glänzen
zu sehn. – Der Tag ist karg und klein,
die Nacht ist weit, hat Silbergrenzen
und könnte eine Sage sein.

Damit ich glücklich wäre –

Das müßte sein von jenen blanken
Lenztagen einer, da die Kranken
man vor die dunklen Türen bringt.
Im Flieder ist ein Spatzenzanken,
weil keinem rechter Sang gelingt.
Der Bach, dem alle Bande sanken,
weiß nicht, was tun vor Glück, und springt
bis aufwärts zu den Bretterplanken,
dahinter Beete, kiesumringt,
und Blumenblühn und Birkenschwanken.
Und vor dem Häuschen, goldbezinkt,
um das der Frühling seine Ranken
wie liebeleise Arme schlingt, –
ein blondes Kind, das in Gedanken
das schönste meiner Lieder singt.

An manchem Tag ist meine Seele still:
Ein Gotteshaus, draus alle Beter gingen.
Ein Engel nur wehrt mit den goldnen Schwingen
dem Weihrauch, der mit seinen leisen Ringen
den Jubel seiner Arme fesseln will.

Verträumte Heiligenbilder dunkeln drin
in ratlos-sehnendem Erhörenwollen:
Sie warten auf den Sonntag mit den vollen
Gestühlen und dem großen Orgelrollen –
und blasse Ampeln schwanken her und hin.

Nennt ihr das Seele, was so zage zirpt
in euch? Was, wie der Klang der Narrenschellen,
um Beifall bettelt und um Würde wirbt,
und endlich arm ein armes Sterben stirbt
im Weihrauchabend gotischer Kapellen, –
nennt ihr das Seele?

Schau ich die blaue Nacht, vom Mai verschneit,
in der die Welten weite Wege reisen,
mir ist: ich trage ein Stück Ewigkeit
in meiner Brust. Das rüttelt und das schreit
und will hinauf und will mit ihnen kreisen...
Und das ist Seele.

Die hohen Tannen atmen heiser
im Winterschnee, und bauschiger
schmiegt sich sein Glanz um alle Reiser.
Die weißen Wege werden leiser,
die trauten Stuben lauschiger.

Da singt die Uhr, die Kinder zittern:
Im grünen Ofen kracht ein Scheit
und stürzt in lichten Lohgewittern, –
und draußen wächst im Flockenflittern
der weiße Tag zur Ewigkeit.

Der Abend kommt von weit gegangen
durch den verschneiten, leisen Tann.

Dann preßt er seine Winterwangen
an alle Fenster lauschend an.

Und stille wird ein jedes Haus:
die Alten in den Sesseln sinnen,
die Mütter sind wie Königinnen,
die Kinder wollen nicht beginnen
mit ihrem Spiel. Die Mägde spinnen
nicht mehr. Der Abend horcht nach innen,
und innen horchen sie hinaus.

Das Wetter war grau und grell;
der Abend ist lichter und leiser.
Sicher kommt irgendein Kaiser:
Alle Häuser sind hell.

Und so festlich und weich
war das Abendgebimmel;
die Alten schaun in den Himmel,
und die Kinder sind reich.

Sonne verlodert am Himmelsrain.
Durch ernteverarmte Krumen
waten die Weiber feldein.
An den verschimmernden Schienenreihn
beim Bahnhüterhäuschen, sommerallein,
sinnen Sonnenblumen.

Du arme, alte Kapelle
mit deiner verstaubten Zier –
der Frühling baut eine helle
Kirche neben dir.

Viel frierende Frauen hinken
in deine Weihrauchruh,
draußen die Kinder winken
allen Rosen zu.

Die Mädchen singen:

Alle Mädchen erwarten wen,
wenn die Bäume in Blüten stehn.
Wir müssen immer nur nähn und nähn,
bis uns die Augen brennen.
Unser Singen wird nimmer froh.
Fürchten uns vor dem Frühling so:
Finden wir einmal ihn irgendwo,
wird er uns nichtmehr erkennen.

Lehnen im Abendgarten beide,
lauschen lange nach irgendwo.
»Du hast Hände wie weiße Seide...«
Und da staunt sie: »Du sagst das so...«

Etwas ist in den Garten getreten,
und das Gitter hat nicht geknarrt,

und die Rosen in allen Beeten
beben vor seiner Gegenwart.

Eine der weißen Vestageweihten
lächelte Gnade dem Todbereiten,
löste ihm von der Stirn die Schmach.

Dann sehnte sie wie eine Sklavin dem Schreiten
des todbefreiten, schulterbreiten
Epheben nach.

Im Kreise der Barone
der König ritt zur Jagd.
Ihm wohnte in roter Krone
ein einsamer Smaragd.

Da giebts unter hellen Hufen
Wege so weit und weiß;
keiner hört Hilfe rufen,
und der Mittag ist heiß . . .

Ob einer den König erkannte?

Die Dohlen im Abend schrien.
Die allerkühnste spannte
den Flug schon über ihn:
Auf des Königs Stirne brannte
ein einsamer Rubin.

Ein weißes Schloß in weißer Einsamkeit.
In blanken Sälen schleichen leise Schauer.
Todkrank krallt das Gerank sich an die Mauer,
und alle Wege weltwärts sind verschneit.

Darüber hängt der Himmel brach und breit.
Es blinkt das Schloß. Und längs den weißen Wänden
hilft sich die Sehnsucht fort mit irren Händen...
Die Uhren stehn im Schloß: es starb die Zeit.

Irgendwo muß es Paläste geben,
drin die Fenster von Staub verschnein;
in der Säle hallende Reihn
tauchen tote Tage hinein:
Gestalten wallen, es warnt der Schrein;
und kein lustiger Leuchterschein
reicht in das einsame Seltsamsein...

Dorten wollen wir Feste geben –
märchenallein.

Im Schlosse mit den roten Zinken
wär ich so gern des Abends Gast.
Die Fenster glühn, die Falten sinken,
und meine weißen Wünsche winken
mir aus dem lodernden Palast.

Ich will durch lange Hallen schleichen
und in die tiefen Gärten schaun,

die über alle Marken reichen.
Und Frauen lächeln an den Teichen,
und in den Wiesen prahlen Pfaun...

Einmal möcht ich dich wiederschauen,
Park, mit den alten Lindenalleen,
und mit der leisesten aller Frauen
zu dem heiligen Weiher gehn.

Schimmernde Schwäne in prahlenden Posen
gleiten leise auf glänzendem Glatt,
aus der Tiefe tauchen die Rosen
wie Sagen einer versunkenen Stadt.

Und wir sind ganz allein im Garten,
drin die Blumen wie Kinder stehn,
und wir lächeln und lauschen und warten,
und wir fragen uns nicht, auf wen...

Es kommt in prunkenden Gebreiten
der Abend wie ein leiser Gott.
Den Rappen vor! Jetzt will ich reiten
durch purpurbunte Einsamkeiten
in bügelleichtem Träumertrott.

Ich atme tief. Ich werde Kaiser.
Mein heller Helm ist losgeschnallt,
und meine Stirne streifen Reiser

und rauschen so. Und leiser, leiser
hallt Huf und Ruf im roten Wald.

Horch, verhallt nicht ein scheuer
Schrei von den Hängen her?
Aus dem morschen Klostergemäuer
kann der Abend nicht mehr.
Er sucht sich wund an der Wand.
Und mit hilfloser Hand
in das Säulengedränge,
in ewige Gänge,
wirft er den Brand.

Feuer. –

In schlichtem Gewand
flieht er, der Heimkehr singender Heuer
leise gesellt, ins verlöschende Land.

Der König Abend weiß sich schwach
und satt, und ihm geschieht:
Er schenkt sein Gold dem jungen Bach,
der einem Hirtensingen nach
in Menschenlande zieht.

Jetzt ist der Bach ein Königskind.
Er jubelt laut Alarm
und gibt den wunden Krumen blind

sein Gold. – Und wo die Hütten sind,
dort ist er wieder arm.

Der Tag entschlummert leise, –
ich walle menschenfern...
Wach sind im weiten Kreise
ich – und ein bleicher Stern.

Sein Auge lichtdurchwoben
ruht flimmernd hell auf mir,
er scheint am Himmel droben
so einsam, wie ich hier...

Fahrten

VENEDIG

I

Fremdes Rufen. Und wir wählen
eine Gondel, schwarz und schlank:
Leises Gleiten an den Pfählen
einer Marmorstadt entlang.

Still. Die Schiffer nur erzählen
sich. Die Ruder rauschen sacht,
und aus Kirchen und Kanälen
winkt uns eine fremde Nacht.

Und der schwarze Pfad wird leiser,
fernes Ave weht die Luft, –
traun: Ich bin ein toter Kaiser,
und sie lenken mich zur Gruft.

II

Immer ist mir, daß die leisen
Gondeln durch Kanäle reisen
irgend jemand zum Empfang.
Doch das Warten dauert lang,
und das Volk ist arm und krank,
und die Kinder sind wie Waisen.

Lange harren die Paläste
auf die Herren, auf die Gäste,
und das Volk will Kronen sehn.
Auf dem Markusplatze stehn
möcht ich oft und irgendwen
fragen nach dem fernen Feste.

III

Mein Ruder sang:

Poppé, fahr zu!
Ein Volk von Sklaven
drängt sich im Hafen
um nüchterne Feste.
Und die Paläste
können nicht schlafen.
Poppé, fahr zu!

Eisige Ruh
in Marmorgliedern
mit matten Lidern
erschauern die Plätze.
Im Gassennetze
betteln die Niedern.
Poppé, fahr zu!

Sag mir, weißt du
noch von den Toten,
die hier geboten

in köstlichen Kronen?
Wo sie jetzt wohnen,
die Purpurroten?
– – – – – – –
Poppé, fahr zu!

IV

Ave weht von den Türmen her.
Immer noch hörst du die Kirchen erzählen;
doch die Paläste an stillen Kanälen
verraten nichts mehr.

Und vorbei an der Traumesruh
ihrer schlafenden Stirnen schwanken
leise Gondeln wie schwarze Gedanken
dem Abend zu.

ENGLAR IM EPPAN

Später Weg. Die Hütten kauern,
und das dumpfe Dorf schläft ein.
Ernste Türme seh ich dauern,
weit aus weißen Blütenschauern
wächst ihr Weltverlorensein.

Abendbrand in brachen Zinnen,
und der Wind fährt durch den Saal.
Und für wen im Burghof drinnen

immer noch die Brunnen rinnen –
keiner weiß es dort im Tal.

TENNO

Der Kirchhof hoch im Sommerschnee
gehört zum Bergdorf hin;
wie über einen Hochlandsee
wacht Frieden über ihn.
Da weiß kein Blühn vom Frühlingsstrahl.
Der Rasen schüchtert frühfrostfahl,
die Kreuze arm, die Hügel kahl,
und sacht und selten wächst die Zahl:
einmal.

Der Weg ist schlecht, der Weg ist schmal.
Im kleinen Dorf ist kleine Wahl
und kleines Glück und kleine Qual, –
drum läuten sie so fern im Tal:
einmal, – einmal, – einmal –

CASABIANCA

Am Berge weiß ich trutzen
ein Kirchlein mit rostigem Knauf,
wie Mönche in grauen Kapuzen
steigen Zypressen hinauf.

Vergessene Heilige wohnen
dort einsam im Altarschrein;
der Abend reicht ihnen Kronen
durch hohle Fenster hinein.

ARCO

Die Hochschneezinne, schartig scharf,
loht auf wie eine Mauerkrone,
in die der lachende Nerone,
der Morgen, seine Fackel warf.

Und wie die Flammen bis ins Blau
sich zu verblühten Sternen strecken,
erwacht das Tal in schönem Schrecken
und taucht empor aus Traum und Tau.

I MULINI

Du müde, morsche Mühle,
dein Moosrad feiert Ruh,
aus der Olivenkühle
schaut dir der Abend zu.

Der Bach singt wie verloren
Menschenlieder nach,
tiefer über die Ohren
ziehst du dein trutziges Dach.

BODENSEE

Die Dörfer sind wie im Garten.
In Türmen von seltsamen Arten
klingen die Glocken wie weh.
Uferschlösser warten
und schauen durch schwarze Scharten
müd auf den Mittagsee.

Und schwellende Wellchen spielen,
und goldene Dampfer kielen
leise den lichten Lauf;
und hinter den Uferzielen
tauchen die vielen, vielen
Silberberge auf.

KONSTANZ

Dem Tag ist so todesweh.
Müd gießt er aus goldenen Kelchen
Wein in den Bergesschnee.

Hoch schüchtert, scheu wie ein Reh,
ein Stern überm Uferschleh,
und ziere, zitternde Wellchen
gittern den Abendsee.

Funde

Wenn wie ein leises Flügelbreiten
sich in den späten Lüften wiegt, –
ich möchte immer weiter schreiten
bis in das Tal, wo tiefgeschmiegt
an abendrote Einsamkeiten
die Sehnsucht wie ein Garten liegt.

Vielleicht darf ich dich dorten finden,
und zage wird dein erstes Mühn
die wehen Wünsche mir verbinden,
du wirst mich führen tief ins Grün –
und heimlich werden weiße Winden
an meinem staubigen Stabe blühn.

Ich möchte draußen dir begegnen,
wenn Mai auf Wunder Wunder häuft,
und wenn ein leises Seelensegnen
von allen Zweigen niederträuft.

Wenn bis zum Wegkreuz auf, zum schlanken,
Jasmin die weißen Arme streckt
und lind den ewgen Wehgedanken
der Stirne Christi überdeckt.

Ich mußte denken unverwandt,
wie ich einst zwischen schwarzen Pinien

den tiefen Frühling sinnen fand,
als ich vor deiner Schönheit stand,
und durch der Scheitel dunkle Linien
dein Antlitz träumte wie ein Land.

Es schlich von deiner Lippen Saum
ein Lächeln auf verlornem Pfade –
ganz leis. Die andern merktens kaum.
So weht ein Blatt vom Blütenbaum:
nur Einer schaut die Frühlingsgnade,
und der sie schaut, ist wie im Traum.

Fremd ist, was deine Lippen sagen,
fremd ist dein Haar, fremd ist dein Kleid,
fremd ist, was deine Augen fragen,
und auch aus unsern wilden Tagen
reicht nicht ein leises Wellenschlagen
an deine tiefe Seltsamkeit.

Du bist wie jene Bildgestalten,
die überm leeren Altarspind
noch immer ihre Hände falten,
noch immer alte Kränze halten,
noch immer leise Wunder walten –
wenn längst schon keine Wunder sind.

Du bist so fremd, du bist so bleich.
Nur manchmal glüht auf deinen Wangen

ein hoffnungsloses Heimverlangen
nach dem verlornen Rosenreich.

Dann sehnt dein Auge, tief und klar,
aus allem Müssen, allem Mühen
ins Land, wo nichts als stilles Blühen
die Arbeit deiner Hände war.

Weißt du, ich will mich schleichen
leise aus lautem Kreis,
wenn ich erst die bleichen
Sterne über den Eichen
blühen weiß.

Wege will ich erkiesen,
die selten wer betritt
in blassen Abendwiesen –
und keinen Traum, als diesen:
Du gehst mit.

Bei dir ist es traut:
Zage Uhren schlagen
wie aus weiten Tagen.
Komm mir ein Liebes sagen –
aber nur nicht laut.

Ein Tor geht irgendwo
draußen im Blütentreiben.
Der Abend horcht an den Scheiben.

Laß uns leise bleiben:
Keiner weiß uns so.

Die Nacht holt heimlich durch des Vorhangs Falten
aus deinem Haar vergeßnen Sonnenschein.
Schau, ich will nichts, als deine Hände halten
und still und gut und voller Frieden sein.

Da wächst die Seele mir, bis sie in Scherben
den Alltag sprengt; sie wird so wunderweit:
An ihren morgenroten Molen sterben
die ersten Wellen der Unendlichkeit.

Du, Hände, welche immer geben,
die müssen blühn von fremdem Glück.
Zart wie ein zages Birkenbeben
bleibt von dem gebenden Erleben
ein Rhythmenzittern drin zurück.

Das sind die Hände mit den schmalen
Gelenken, die sich leise mühn;
und wüßten die von Kathedralen,
sie müßten sich in Wundenmalen
vor allem Volke heiligblühn.

Bist gewandert durch Wahn und Weh,
kommst aus meinen dunkelsten Tagen,

hast dir eine Brücke geschlagen
bis zu mir über Schuld und Schnee.

Lenkst mich lächelnd mit leisem Gebot,
und auf kronengoldenen Locken
trägst du flüchtige Feberflocken
in den fröhlichen Frühlingstod.

Will dir den Frühling zeigen,
der hundert Wunder hat.
Der Frühling ist waldeigen
und kommt nicht in die Stadt.

Nur die weit aus den kalten
Gassen zu zweien gehn
und sich bei den Händen halten –
dürfen ihn einmal sehn.

Und dieser Frühling macht dich bleicher,
in weite Wiesen will dein Fuß,
dein Lied wird leis, dein Wort wird weicher,
und deine Hände werden reicher
mit jedem Wink, mit jedem Gruß.

Du holst aus düfteschwüler Lade
dein Konfirmandenkleidchen dreist
und trägst es in die wilden Pfade
und schmückst dich für die große Gnade,
die deine Seele blühen heißt.

Mir ist: ich muß dir den Brautnachtstrauß
weit aus dem Abend bringen.
Ich geh in die goldene Stunde hinaus,
und die Fenster leuchten am letzten Haus,
drin spielende Kinder singen.

Und ich geh an dem einsamen Haus vorbei,
drin singende Kinder wohnen,
und mein Wandern wächst und wächst in den Mai
und kann nicht zurück, – und die Blüten, verzeih,
die wind ich mir alle zu Kronen.

Bist du so müd? Ich will dich leise leiten
aus diesem Lärm, der längst auch mich verdroß.
Wir werden wund im Zwange dieser Zeiten.
Schau, hinterm Wald, in dem wir schauernd schreiten,
harrt schon der Abend wie ein helles Schloß.

Komm du mit mir. Es solls kein Morgen wissen,
und deiner Schönheit lauscht kein Licht im Haus...
Dein Duft geht wie ein Frühling durch die Kissen:
Der Tag hat alle Träume mir zerrissen, –
du, winde wieder einen Kranz daraus.

Du:

ein Schloß an wellenschweren,
atlasblassen Abendmeeren –
und in seinen säulenhehren

Sälen warten Preis und Prunk,
uns zu ehren:

Weil wir beide wiederkehren –
ohne Kronen und mit leeren
Händen –
   aber jung.

Purpurrote Rosen binden
möcht ich mir für meinen Tisch
und, verloren unter Linden,
irgendwo ein Mädchen finden,
klug und blond und träumerisch.

Möchte seine Hände fassen,
möchte knieen vor dem Kind
und den Mund, den sehnsuchtblassen,
mir von Lippen küssen lassen,
die der Frühling selber sind.

Ein Händeineinanderlegen,
ein langer Kuß auf kühlen Mund,
und dann: auf schimmerweißen Wegen
durchwandern wir den Wiesengrund.

Durch leisen, weißen Blütenregen
schickt uns der Tag den ersten Kuß, –
mir ist: wir wandeln Gott entgegen,
der durchs Gebreite kommen muß.

Du willst dir einen Pagen küren?
Mich komm erküren, Königin.
Mir klingt aus alten Aventüren
ein Sang in Saitenspiel und Sinn.

Ich will ins weiße Schloß dich führen,
in dem ich selber König bin, –
und singen hinter tausend Türen
für meine weiße Königin.

Abend hat mich müd gemacht.
Und in meinen Sinnen schrillen
kleine Wünsche mit den Grillen.

Wo das blasse Land verflacht,
liegen lauter weiße Villen
hinter roter Rosenpracht.

Liegen wie auf leiser Wacht
weiße Villen an dem stillen
Uferrand der Frühlingsnacht.

Was reißt ihr aus meinen blassen, blauen
Stunden mich in der wirbelnden Kreise
wirres Geflimmer?
Ich mag nicht mehr euren Wahnsinn schauen.
Ich will wie ein Kind im Krankenzimmer
einsam, mit heimlichem Lächeln, leise,
leise – Tage und Träume bauen.

Mir war so weh. Ich sah dich blaß und bang.
Das war im Traum. Und deine Seele klang.

Ganz leise tönte meine Seele mit,
und beide Seelen sangen sich: Ich litt.

Da wurde Friede tief in mir. Ich lag
im Silberhimmel zwischen Traum und Tag.

Wie meine Träume nach dir schrein.
Wir sind uns mühsam fremd geworden,
jetzt will es mir die Seele morden,
dies arme, bange Einsamsein.

Kein Hoffen, das die Segel bauscht.
Nur diese weite, weiße Stille,
in die mein tatenloser Wille
in atemlosem Bangen lauscht.

Und du warst schön. In deinem Auge schien
sich Nacht und Sonne sieghaft zu versöhnen.
Und Hoheit hüllte wie ein Hermelin
dich ein: So kam dich meine Liebe krönen.
Und meine nächteblasse Sehnsucht stand,
weißbindig wie der Vesta Priesterin,
an deines Seelentempels Säulenrand
und streute lächelnd weiße Blüten hin.

Du hast so große Augen, Kind.
Du siehst gewiß oft nachts Gestalten,
die, fremd und bleich, in marmorkalten
Traumhänden rote Kronen halten,
um die ein Leuchten leise rinnt.
Dann ist dein Blick am Tag wie blind
und deine Seele wie zerspalten,
dann bangt dir vor dem Alltagsalten,
wenn Wünsche sich in dir entfalten,
die allen andern Wahnsinn sind.

Dann ist die Sehnsucht dir erwacht,
stolz zu entfliehn den eitlen Schreiern,
die plump, mit Händen, blöd und bleiern,
auf deiner Silberseele leiern
das irre Lied, das sterblich macht;
zu fliehn in eine blaue Nacht,
drin alle Wipfel lauschend feiern;
der Glieder Hymne zu entschleiern
und scheu im Schooß von weißen Weihern
zu finden ihre nackte Pracht.

Du sahst in hohe Lichthofmauern
und spieltest still in dumpfem Raum,
es lag ein unverstandnes Trauern
auf deinem blassen Kindheitstraum.

Und deine Tage waren bleiern,
die Mutter krank, der Vater roh;

und manchmal kam ein Krüppel leiern, –
dann lauschtest du und weintest so.

Was kann dir nun der Sommer taugen?
Müd, wie mit scheuem Schwingenschlag,
durchirren deine Heimwehaugen
den uferlosen Sonnentag.

Sie war:

Ein unerwünschtes Kind, verstoßen
auch aus der Mutter Nachtgebet,
und ewig fern von jenem Großen,
das gebend durch die Zeiten geht.

Sie wünschte wenig – und nur selten
kam wie ein Weinen über sie
nach einem Land mit Purpurzelten,
nach einer fremden Melodie,

nach weißen Wegen, die nicht stauben –
dann bog sie Rosen sich ins Haar,
und konnte doch nie Liebe glauben,
auch wenn es tief im Frühling war.

Wenn ich dir ernst ins Auge schaute,
klang oft dein Wort so kummerkrank
wie eine leise Liebeslaute,

die einsam einst ein Meister baute,
als seine Seele Sehnsucht sang.

Sie lernte seither leichte Lieder
und tönte gern zu Tag und Tanz, –
da greift ein Träumer ihre Glieder:
und wie erwachend weint sie wieder
das Heimweh ihres Heimatlands.

Ja, früher, wenn ich an dich dachte,
wie Wunder wars: ein Mai erwachte
um dich im Aureolenglanz,
und meine Sehnsucht träumte sachte
um deine Stirne einen Kranz.

Jetzt seh ich dich: du senkst dein Weinen
ins Herz den herbstverhangnen Hainen,
und dir zuseiten, wegentlang,
schleicht an den bleichen Meilensteinen
ein wunder Sonnenuntergang.

Ich ging durch ein Land, durch ein trauriges Land.
Wie auf leerer Wiege ein Wiegenband
lag der blasse Fluß auf dem flachen Sand,
darüber aus nassem Nebelgewand
reckte die Weide die Totenhand.

Mir war so traurig. Ich starrte und stand.
Ich sah dich kauern am Wegesrand.

Einst hab ich dich und das Glück gekannt.
Du weintest wühlend und unverwandt,
und ich fragte dich: Ist das dein Heimatland?

Du nicktest, du nicktest wie traumgebannt...
Da hab ich dich wieder wie einst genannt;
doch dein Bild zerrann mir, dein Bild entschwand.
Die Pappeln kohlten im Abendbrand,
und der Tod ging rot durch dein Heimatland.

Weißt du, daß ich dir müde Rosen flechte
ins Haar, das leis ein weher Wind bewegt –
Siehst du den Mond, wie eine silberechte
Merkmünze, und ein Bild ist eingeprägt:
ein Weib, das lächelnd dunkle Dornen trägt –
Das ist das Zeichen toter Liebesnächte.

Fühlst du die Rosen auf der Stirne sterben?
Und jede läßt die Schwester schauernd los
und muß allein verdarben und verderben,
und alle fallen fahl in deinen Schooß.
Dort sind sie tot. Ihr Leid war leis und groß.
Komm in die Nacht. Und wir sind Rosenerben.

Kannst du die alten Lieder noch spielen?
Spiele, Liebling. Sie wehn durch mein Weh
wie die Schiffe mit silbernen Kielen,
die nach heimlichen Inselzielen
treiben im leisen Abendsee.

Und sie landen am Blütengestade,
und der Frühling ist dort so jung.
Und da findet an einsamem Pfade
vergessene Götter in wartender Gnade
meine müde Erinnerung.

Wo sind die Lilien aus dem hohen Glas,
die deine Hand zu pflegen nie vergaß?
    Schon tot?
Wo ist die Freude deiner Wangen hin,
die wie ein ganzer Lenz zu prangen schien –
    Verloht?
Und wo ist unser Glück, so groß und rein,
das hell dein Haar wie ein Madonnenschein
    umspann?
Auch das ist tot. Heut weinen wir ihm nach,
und morgen kommt der Frost uns ins Gemach –
    Und dann?

Mütter

Ich sehne oft nach einer Mutter mich,
nach einer stillen Frau mit weißen Scheiteln.
In ihrer Liebe blühte erst mein Ich;
sie könnte jenen wilden Haß vereiteln,
der eisig sich in meine Seele schlich.

Dann säßen wir wohl beieinander dicht,
ein Feuer surrte leise im Kamine.
Ich lauschte, was die liebe Lippe spricht,
und Frieden schwebte ob der Teeterrine
so wie ein Falter um das Lampenlicht.

Mir ist oft, daß ich fragen müßt:
Du, Mutter, was hast du gesungen,
eh deinem blassen, blonden Jungen
der Schlaf die Wangen warm geküßt?

Hattest du damals sehr viel Gram?
Und weißt du, wie du aufgesprungen,
wenn deinem blassen, blonden Jungen
im tiefen Traum ein Weinen kam?

Ich gehe unter roten Zweigen
und suche einen späten Strauß.
Weiß nicht vor Glück wo ein und aus,

mir ist so neu, mir ist so eigen;
mein Lieb ist müd und ist zu Haus.

Jetzt ist mein Mädel erst recht eitel,
seit sich sein Mieder weiter zieht,
und seit ein Wunder ihm geschieht:
Bald hat es breite braune Scheitel
und sitzt und singt ein Wiegenlied.

Leise weht ein erstes Blühn
von den Lindenbäumen,
und, in meinen Träumen kühn,
seh ich dich im Laubengrün
hold im ersten Muttermühn
Kinderhemdchen säumen.

Singst ein kleines Lied dabei,
und dein Lied klingt in den Mai:

    Blühe, blühe, Blütenbaum,
    tief im trauten Garten.
    Blühe, blühe, Blütenbaum,
    meiner Sehnsucht schönsten Traum
    will ich hier erwarten.

    Blühe, blühe, Blütenbaum,
    Sommer wird dirs zahlen.
    Blühe, blühe, Blütenbaum.
    Schau, ich säume einen Saum
    hier mit Sonnenstrahlen.

Blühe, blühe, Blütenbaum,
balde kommt das Reifen.
Blühe, blühe, Blütenbaum.
Meiner Sehnsucht schönsten Traum
lehr mich ihn begreifen.

Singst ein kleines Lied dabei,
und dein Lied ist lauter Mai.

Und der Blütenbaum wird blühn,
blühn vor allen Bäumen,
sonnig wird dein Saum erglühn.
Und verklärt im Laubengrün
wird dein junges Muttermühn
Kinderhemdchen säumen.

Und reden sie dir jetzt von Schande,
da Schmerz und Sorge dich durchirrt, –
oh, lächle, Weib! Du stehst am Rande
des Wunders, das dich weihen wird.

Fühlst du in dir das scheue Schwellen,
und Leib und Seele wird dir weit –
oh, bete, Weib! Das sind die Wellen
der Ewigkeit.

Der blonde Knabe singt:

Was weinst du, Mutter? Ist das Spind
auch bettelleer, – sei gut!
Ich bin dein blondes Kronenkind,
und du hast Edelblut.

Ich schaute ja, du weißt es nicht, –
wie du so oft noch spät
beim morgenmatten Lampenlicht
dein Königskleid genäht.

So bist du eine Königin,
und sei nicht bang und zag –
und bis ich erst krafteigen bin,
kommt unser Königstag.

Die Mutter:

»Liebling, hast du gerufen?«
Es war ein Wort im Wind. –
»Wie viele steile Stufen
sind noch bis zu dir, mein Kind?« –
Da fand ihre Stimme die Sterne,
fand aber die Tochter nicht.

Im Tale in tiefer Taverne
löschte ein letztes Licht.

Manchmal fühlt sie: Das Leben ist groß,
wilder, wie Ströme, die schäumen,
wilder, wie Sturm in den Bäumen.
Und leise läßt sie die Stunden los
und schenkt ihre Seele den Träumen.

Dann erwacht sie. Da steht ein Stern
still überm leisen Gelände,
und ihr Haus hat ganz weiße Wände –
Da weiß sie: Das Leben ist fremd und fern –
und faltet die alternden Hände.

ZEITTAFEL

1875 Am 4. Dezember in Prag geboren. Eltern: Josef Rilke und Sophie (Phia), geb. Entz.

1882 Eintritt in die von Piaristen geleitete Deutsche Volksschule.

1886 Als ›Landesstipendiat‹ in die Militärunterrealschule von St. Pölten. Die Eltern trennen sich.

1890 Militäroberrealschule Mährisch-Weißkirchen.

1891 Ende der Militärschulzeit, Besuch der Handelsakademie in Linz.

1892 Private Vorbereitung zum Abitur in Prag.

1894 »Leben und Lieder«.

1895 Abitur. Beginn des Studiums in Prag. Mitarbeit an vielen Zeitschriften; »Wegwarten«, »Larenopfer«.

1896 Studium in München. Wilhelm v. Scholz, Wassermann. »Traumgekrönt«.

1897 Begegnung mit Lou Andreas-Salomé, im Herbst Fortsetzung des Studiums in Berlin: George und die Brüder Carl und Gerhart Hauptmann. »Advent«, das Drama »Im Frühfrost« wird in Prag aufgeführt.

1898 Berlin, Florenz, Zoppot, Berlin. »Am Leben hin«.

1899 Berlin. Wien: Schnitzler, Hofmannsthal. Um Ostern erste russische Reise mit dem Ehepaar Andreas. Besuche bei Leonid Pasternak und Tolstoi in Moskau. »Mir zur Feier«.

1900 Zweite Reise nach Rußland mit Lou Andreas-Salomé. Besuch bei Tolstoi in Jasnaja Poljana, Moskau, Kiew, Wolgafahrt, Petersburg. Nach der Rückkehr Einladung Heinrich Vogelers nach Worpswede, Begegnung mit Paula Becker und Clara Westhoff. »Vom lieben Gott und Anderes« (Novellen).

1901 Heirat mit der Bildhauerin Clara Westhoff, Wohnsitz Westerwede. Geburt der Tochter Ruth. »Das tägliche Leben« wird in Berlin aufgeführt.

1902 Westerwede, Haseldorf, Paris. »Worpswede« (Monographie), »Das Buch der Bilder«, »Die Letzten« (Erzählungen).

1903 Paris: bei Rodin, Arbeit an der Monographie »Auguste Ro-
      din«. Viareggio, Worpswede, Rom.

1904 Rom. Kopenhagen, Süd-Schweden; Oberneuland bei Bre-
      men. »Geschichten vom lieben Gott«, Neuausgabe der Erzäh-
      lungen von 1900.

1905 Oberneuland, Dresden, Göttingen, Berlin: S. Fischer, Friedel-
      hausen (Hessen). Zu Rodin nach Meudon bei Paris. Erste Vor-
      tragsreise. »Das Stunden-Buch«.

1906 Paris. Zweite Vortragsreise, Tod des Vaters in Prag. Trennung
      von Rodin. Reise nach Flandern und in Deutschland. Capri.
      »Das Buch der Bilder«, erweiterte Neuausgabe, »Die Weise
      von Liebe und Tod des Cornets Christoph Rilke«.

1907 Capri. Paris, dritte Vortragsreise, Wien: Rudolf Kassner. Ve-
      nedig. Oberneuland. »Neue Gedichte«, »Auguste Rodin«, er-
      weiterte Neuausgabe.

1908 Oberneuland. Capri. Paris: Verhaeren, Gide. »Der Neuen Ge-
      dichte anderer Teil«, »Elizabeth Barrett-Brownings Sonette
      nach dem Portugiesischen«, Übertragung.

1909 Paris. Reisen in die Provence. Bad Rippoldsau. Paris: Begeg-
      nung mit der Fürstin Marie von Thurn und Taxis. »Requiem«,
      »Die frühen Gedichte«.

1910 Paris. Vortrag in Elberfeld, Besuch bei Kippenberg; Jena, Wei-
      mar, Berlin. Rom. Schloß Duino bei Triest. Oberneuland.
      Besuch der Fürstin Taxis in Lautschin und S. v. Nádhernýs in
      Janovič in Böhmen. Paris, Reise nach Nordafrika: Algier, Tu-
      nis. »Die Aufzeichnungen des Malte Laurids Brigge«.

1911 Neapel. Ägypten, Nilfahrt bei Assuan. Venedig, Paris. Be-
      such in Deutschland. Paris. Winter 1911/12: auf Schloß Duino.
      »Maurice de Guérin: Der Kentauer«, Übertragung.

1912 Erste Elegien in Duino. Venedig: Eleonora Duse. München,
      Paris, Reise nach Spanien: Winter 1912/13 in Toledo und Ron-
      da. »Die Liebe der Magdalena«, Übertragung.

1913 Ronda, Madrid, Paris. Reisen in Deutschland: Werfel. Paris.
      »Das Marien-Leben«, »Erste Gedichte«, »Portugiesische
      Briefe«, Übertragung.

1914 Paris. Berlin, Paris, Duino, Paris. Bei Kriegsausbruch in
      Deutschland, verliert R. seine Habe in Paris. Leipzig, Mün-

chen, Berlin. »André Gide: Die Rückkehr des verlorenen Sohnes«, Übertragung.

1915 München, wo auch Clara und Ruth R. leben, wird R.s Wohnsitz. Zum Freundeskreis gehören Loulou Albert-Lasard, Regina Ullmann, Annette Kolb, Hellingrath, Hausenstein, Carossa. Begegnung mit Walther Rathenau. November: Musterung und Einberufung. Berlin, Wien.

1916 Wien. Januar bis Juni Militärdienst, seit Februar im Kriegsarchiv. Rodaun: Umgang mit Hofmannsthal, Zweig, Kassner. München.

1917 München. Berlin: Graf Kessler, Richard von Kühlmann. München: Hofmannsthal.

1918 München: Wiedersehen mit Kippenberg, Beziehungen zu Eisner und Toller. »Die vierundzwanzig Sonette der Louïze Labé«, Übertragung.

1919 München: Besuch Lou Andreas-Salomés. Juni: Vortragsreise in die Schweiz. Zürich, Winterthur: die Brüder Reinhart, Begegnung mit Nanny Wunderly-Volkart. Genf, Soglio. Locarno. »Ur-Geräusche«.

1920 Locarno. Basel und Schönenberg bei Basel: Familien Burckhardt und von der Mühll. Wiedersehen mit der Fürstin Taxis in Venedig. Genf: Baladine Klossowska. Paris. Berg am Irchel.

1921 Berg: Lese-Begegnung mit Paul Valéry. Von Sierre aus Entdeckung des Château de Muzot.

1922 Château de Muzot: im Februar Vollendung der »Duineser Elegien«, Niederschrift der »Sonette an Orpheus«. Besucher: Fürstin Taxis, Kippenbergs. In Deutschland Heirat Ruth Rilkes.

1923 Muzot. Reisen in der Schweiz, Arbeit an den Valéry-Übertragungen. »Duineser Elegien«, »Die Sonette an Orpheus«.

1924 Valmont sur Territet: erster Klinik-Aufenthalt. Gedichte in französischer Sprache. Muzot: Besucher: Paul Valéry, Clara R.-Westhoff. Mit der Fürstin in Bad Ragaz. Lausanne, Muzot, Valmont.

1925 Valmont. Von Januar bis August: Paris. Ragaz, Bern, Muzot: R. schreibt sein Testament und verbringt seinen 50. Geburtstag allein in Muzot. Valmont. »Paul Valéry: Gedichte«, Übertragung.

1926 Valmont bis Anfang Juni. Muzot, Ragaz, Lausanne, Anthy: Treffen mit Valéry. Muzot. »Vergers«, ein französischer Gedichtband, erscheint. 30. November: Valmont. 29. Dezember: R. stirbt an Leukämie.

1927 Am 2. Januar Beisetzung in Raron. »Les Roses«, »Les Fenêtres«, »Paul Valéry: Eupalinos oder Über die Architektur...«, Übertragung. »Gesammelte Werke«, Bd. 1-6.

ALPHABETISCHES VERZEICHNIS
DER GEDICHTANFÄNGE UND
-ÜBERSCHRIFTEN

INHALT

Larenopfer

Traumgekrönt

Träumen

Advent

Gaben / an verschiedene Freunde

Mütter

ZU DIESER AUSGABE

insel taschenbuch 1090
Rainer Maria Rilke, Erste Gedichte

Der Text folgt der Ausgabe: Rainer Maria Rilke, Sämtliche Werke. Herausgegeben vom Rilke-Archiv in Verbindung mit Ruth Sieber-Rilke. Besorgt durch Ernst Zinn. Erster Band: Gedichte. Erster Teil. Insel Verlag Frankfurt am Main 1955

Erste Gedichte: zweite, im Jahre 1913 erschienene Ausgabe der Sammlungen ›Larenopfer‹, ›Traumgekrönt‹ und ›Advent‹. ›Larenopfer‹, erschienen zu Weihnachten 1895, wurde – vermutlich – im Spätherbst 1895 zu Prag geschrieben. Die einzelnen Gedichte blieben undatiert bis auf die drei letzten, schon früher entstandenen. ›Traumgekrönt‹, erschienen im Dezember 1896, wurde in den Jahren 1894 bis 1896 niedergeschrieben. ›Advent‹, erschienen zu Weihnachten 1897, wurde in den Jahren 1896 und 1897 geschrieben. Fünf einzelne Gedichte – 1894/1897 – wurden erst nachträglich hier eingereiht bei Herausgabe der *Ersten Gedichte* (1913).

Umschlagabbildung: Carl Thiemann, Schwan II. Farbholzschnitt, 1920. Aus: Carl Thiemann 1881–1966. Meister des Farbholzschnitts. Ein Beitrag zur dekorativen Kunst des Jugendstils. Von Klaus Merx. Eduard Roether Verlag, Darmstadt 1976.

Rainer Maria Rilke
im Insel Verlag und im Suhrkamp Verlag

Sämtliche Werke. 6 Bände. Herausgegeben vom Rilke- Archiv. In Verbindung mit Ruth Sieber-Rilke besorgt durch Ernst Zinn. Leinen, Leder und insel taschenbuch in Kassette (it 1101-1106)

Band I: Erste Gedichte. Die frühen Gedichte. Die weiße Fürstin. Die Weise von Liebe und Tod des Cornets Christoph Rilke. Das Stundenbuch. Das Buch der Bilder. Neue Gedichte. Der Neuen Gedichte anderer Teil. Requiem. Das Marien-Leben. Duineser Elegien. Die Sonette an Orpheus. (it 1101)

Band II: Verstreute und nachgelassene Gedichte aus den Jahren 1906-1926. Gedichte in französischer Sprache. (it 1102)

Band III: Leben und Lieder (1894). Christus-Visionen (1896). Dir zur Feier (1898). Frühwerke in ursprünglicher Gestalt. Jugendgedichte aus dem Nachlaß (bis 1905). (it 1103)

Band IV: Frühe Erzählungen und Dramen (1893-1902). (it 1104)

Band V: Worpswede. Rodin. Besprechungen, Aufsätze und Betrachtungen (1893-1905). (it 1105)

Band VI: Malte Laurids Brigge. Kleine Schriften (1906-1926). ›Gedichte in Prosa‹ und Verwandtes. (it 1106)

Werke in drei Bänden. Eingeleitet von Beda Allemann. Leinen

Einzelausgaben

Am Leben hin. Novellen und Skizzen 1898. Mit Anmerkungen und einer Zeittafel. it 863

Die Aufzeichnungen des Malte Laurids Brigge. Leinen, BS 343 und it 630

Auguste Rodin. Mit 96 Abbildungen. it 766

Aus dem Nachlaß des Grafen C. W. Ein Gedichtkreis. Gebunden

Ausgesetzt auf den Bergen des Herzens. Gedichte aus den Jahren 1906 bis 1926. it 98

Ausgewählte Gedichte. Einschließlich der ›Duineser Elegien‹ und der ›Sonette an Orpheus‹. Auswahl und Nachwort von Erich Heller. BS 184

Der ausgewählten Gedichte erster Teil. Ausgewählt von Katharina Kippenberg. IB 400

Der ausgewählten Gedichte anderer Teil. Ausgewählt von Katharina Kippenberg. IB 480

Das Buch der Bilder. Des ersten Buches erster Teil. Des ersten Buches zweiter Teil. Des zweiten Buches erster Teil. Des zweiten Buches zweiter Teil. it 26

Bücher. Theater. Kunst. Aufsätze aus den Jahren 1896–1905. Herausgegeben von Richard von Mises. BS 1068

Rainer Maria Rilke
im Insel Verlag und im Suhrkamp Verlag

Rainer Maria Rilke
im Insel Verlag und im Suhrkamp Verlag

Das Testament. Faksimile der Handschrift aus dem Nachlaß. Im Anhang Transkription der Handschrift. Erläuterungen und Nachwort von Ernst Zinn. Die Edition besorgte Ernst Zinn. Herausgegeben im Auftrag der Rilkeschen Erben und des Rilke-Archivs. Leinen

Das Testament. Edition und Nachwort von Ernst Zinn. BS 414

Über den jungen Dichter und andere kleine Schriften aus den Jahren 1906 bis 1926 in zeitlicher Folge. it 340

Übertragungen. Herausgegeben von Ernst Zinn und Karin Wais. Leinen

Vom Alleinsein. Geschichten, Gedanken, Gedichte. Herausgegeben von Franz-Heinrich Hackel. it 1216

Die Weise von Liebe und Tod des Cornets Christoph Rilke. Reprint des ersten Insel-Bücherei-Bandes von 1912. IB 1

Worpswede. Fritz Mackensen. Otto Modersohn. Fritz Overbeck. Hans am Ende. Heinrich Vogeler. Mit zahlreichen Abbildungen und Farbtafeln im Text. it 1011

Zwei Prager Geschichten und ›Ein Prager Künstler‹. Mit Illustrationen von Emil Orlik. Herausgegeben von Josef Mühlberger. it 235

Rainer Maria Rilke / Karl Krolow: Les Fenêtres. Die Fenster. Mit 3 Originalradierungen von Christian Mischke. Numerierte und auf 750 Exemplare limitierte Auflage. Leinen in Kassette

Briefe

Briefe in einem Band. Herausgegeben vom Rilke-Archiv in Weimar. In Verbindung mit Ruth Sieber-Rilke besorgt durch Karl Altheim. 2. Auflage mit revidiertem Register. Vollständige Neuausgabe der früher zweibändigen Ausgabe. Leinen

Briefe. 3 Bde. in Kassette. Herausgegeben vom Rilke-Archiv in Weimar in Verbindung mit Ruth Sieber-Wilke. Besorgt durch Karl Altheim. it 867

Briefe an Axel Juncker. Herausgegeben von Renate Scharffenberg. Leinen

Briefe an die Mutter. Herausgegeben von Hella Sieber-Rilke. BS 897

Briefe an eine junge Frau. Mit einem Nachwort von Carl Sieber. IB 409

Briefe an einen jungen Dichter. Mit einer Einleitung von Franz Xaver Kappus. IB 406 und BS 1022

Die Briefe an Gräfin Sizzo. 1921-1926. Herausgegeben von Ingeborg Schnack. Leinen und it 868

Brie fe an Nanny Wunderly-Volkart. Im Auftrag der Schweizerischen Landesbibliothek und unter Mitarbeit von Niklaus Bigler, besorgt durch Rätus Luck. 2 Bde. Leinen

Rainer Maria Rilke
im Insel Verlag und im Suhrkamp Verlag

Briefe über Cézanne. Herausgegeben von Clara Rilke. Besorgt und mit einem Nachwort versehen von Heinrich Wiegand Petzet. Mit siebzehn farbigen Abbildungen. Leinen und it 672

Briefe zur Politik. Herausgegeben von Joachim W. Storck. Leinen

Briefwechsel mit Lou Andreas-Salomé. Herausgegeben von Ernst Pfeiffer. Leinen

Briefwechsel mit Anita Forrer 1920-1926. Herausgegeben von Magda Kerényi. Leinen

Briefwechsel mit Hugo von Hofmannsthal 1899-1925. Herausgegeben von Rudolf Hirsch und Ingeborg Schnack. Leinen

Briefwechsel mit Inga Junghanns. Herausgegeben von Wolfgang Herwig. Leinen

Briefwechsel mit Katharina Kippenberg. Mit acht Abbildungen und zwei Faksimiles. Leinen

Briefwechsel mit Helene von Nostitz. Herausgegeben von Oswalt von Nostitz. Leinen

Briefwechsel mit Marie von Thurn und Taxis. 2 Bde. Besorgt durch Ernst Zinn. Mit einem Geleitwort von Rudolf Kassner. Leinen

Briefwechsel mit Regina Ullmann und Ellen Delp. Herausgegeben von Walter Simon. Leinen

Rainer Maria Rilke und Stefan Zweig in Briefen und Dokumenten. Herausgegeben von Donald A. Prater. Leinen

Briefwechsel. Herausgegeben von Ernst Pfeiffer. it 1217

Briefwechsel. Mit Briefen von und an Clara Rilke-Westhoff. Herausgegeben von Theodore Fiedler. Leinen

Briefwechsel 1906-1914. Herausgegeben von Barbara Glauert-Heße. it 1537

Rainer Maria Rilke / Marina Zwetajewa: ›Wenn jemand uns zusammen träumt, dann treffen wir uns.‹ Ein Gespräch in Briefen. Herausgegeben von Konstantin Asadowskij. Aus dem Russischen übersetzt von Angela Martini-Wonde. Leinen

Übertragungen

Elizabeth Barrett-Browning: Sonette aus dem Portugiesischen. Englisch und deutsch. Übertragen von Rainer Maria Rilke. IB 252

André Gide: Die Rückkehr des verlorenen Sohnes. Übertragen aus dem Französischen von Rainer Maria Rilke. BS 591

Portugiesische Briefe. Die Briefe der Marianna Alcoforado. Übertragen von Rainer Maria Rilke. IB 74

Rainer Maria Rilke
im Insel Verlag und im Suhrkamp Verlag

Paul Valéry: Eupalinos oder Der Architekt. Eingeleitet durch »Die Seele und der Tanz«. Aus dem Französischen von Rainer Maria Rilke. Die Übertragung von Rainer Maria Rilke wurde durchgesehen und kommentiert von Karin Wais. BS 370

Paul Valéry: Gedichte. Französisch und deutsch. Übertragen von Rainer Maria Rilke. BS 992

Die vierundzwanzig Sonette der Louïze Labé. Lyoneserin 1555. Übertragen von Rainer Maria Rilke. IB 222

Zu Rainer Maria Rilke

Rilkes Leben und Werk im Bild. Bearbeitet von Ingeborg Schnack. Mit einem biographischen Essay von J. R. von Salis. Leinen und it 35

Rainer Maria Rilke. Leben, Werk und Zeit in Texten und Bildern. Herausgegeben von Horst Nalewski. Mit zahlreichen Abbildungen. Leinen

Rilke in Spanien. Briefe, Gedichte, Tagebücher. Herausgegeben von Eva Söllner. Mit farbigen Abbildungen. it 1507

Lou Andreas-Salomé: Rainer Maria Rilke. Mit acht Bildtafeln im Text. Herausge geben von Ernst Pfeiffer. it 1044

Hartmut Engelhardt: Der Versuch, wirklich zu sein. Zu Rilkes sachlichem Sagen.

Insel-Almanach auf das Jahr 1986. Rilke und die bildende Kunst. Herausgegeben von Gottfried Boehm. Kartoniert

Mit Rilke durch das alte Prag. Herausgegeben von Hartmut Binder. Mit zahlreichen Abbildungen. it 1489

›Das Tagebuch‹ Goethes und Rilkes ›Sieben Gedichte‹. Erläutert von Siegfried Unseld. IB 1000

Fürstin Marie von Thurn und Taxis- Hohenlohe: Erinnerungen an Rainer Maria Rilke. Deutsche Ausgabe besorgt von Georg H. Blockesch. IB 888

56/5/9.93

Großdruck
im insel taschenbuch

170/1/8.92

Großdruck
im insel taschenbuch

170/2/8.92